Petite vie
de
Jean-Baptiste de La Salle

MICHEL FIÉVET

Petite vie
de
Jean-Baptiste de La Salle

Le saint de l'éducation populaire
(1651-1719)

Desclée de Brouwer

Les photos qui illustrent cet ouvrage sont du Fr. Émile Rousset sauf celles des pages 58 et 112 qui sont du Fr. Bernard Simon (droits réservés).

© Desclée de Brouwer, 1990
76 bis, rue des Saints-Pères, 75007 Paris
ISBN 2-220-03131-4
ISSN 0991-4439

Dans l'amitié des Frères Joseph (Thaïlande), de Silvestri, de ceux de Wattrelos (St Jo. et « Rue de Toul »). Et de tous les autres.

1. La période champenoise
(1651-1688)

« *Une famille des plus distinguées* »

30 avril 1651. Le XVIIe siècle est déjà bien avancé quand Jean-Baptiste de La Salle naît à Reims, à l'Hôtel de La Cloche. L'Hôtel de style Renaissance existe encore aujourd'hui, rue de l'Arbalète, à proximité de la cathédrale. Sa façade au riche portail flanqué de deux statuettes communément dénommées « Adam et Eve », ses frises délicates avec médaillons, ses pilastres élancés, sa tourelle abritant un très bel escalier à vis... tout témoigne de l'opulence du rang des La Salle, une « famille des plus distinguées [1] » (B.,1,117).

Jean-Baptiste a trois ans quand, le 7 juin 1654, Louis XIV vient à Reims se faire sacrer, conformément à la coutume qui permettait de souligner avec force symboles la vivante union de la foi et de la royauté. Il y a fort à parier que Louis de La

POINTS DE REPÈRE

1650   *25 août. Reims. Mariage de Louis de La Salle et Dlle Nicolle Moët de Brouillet.*

1651   **(7 septembre) Lit de justice déclarant la majorité du roi Louis XIV. Il a 13 ans.**
Tableau de Georges de La Tour : *Saint Joseph à la chandelle.*
Naissance de Fénelon.

1651   *30 avril. Reims. Naissance et baptême de Jean-Baptiste de La Salle. Parrain : Jehan Moët, seigneur de Brouillet.*

1652   **Malheurs de guerre : 30 à 40 000 soldats en Ile-de-France. Jacques Callot en ses esquisses dénonce l'arrogance de la mort portant le drapeau de la soldatesque.**
Apogée de Port-Royal.

1654   **Sacre du roi Louis XIV en la cathédrale de Reims.**
Parution de « l'Escole paroissiale ».

1660   **Entrée solennelle à Paris du jeune couple royal : Louis XIV et Marie-Thérèse. Mort de Vincent de Paul et de Louise de Marillac.**

1661   **Mort de Mazarin. Louis XIV assume le pouvoir. Immenses travaux au château de Versailles. Ils dureront jusqu'en 1768.**

1662   **Mort de Pascal.**
Sermon de Bossuet sur la grande misère des paysans.
J.-B. de La Salle reçoit la tonsure.

1664   **Publication des Bulles pontificales condamnant les 5 propositions extraites du livre de Jansénius.**

1665   **Colbert, natif de Reims, lié par des relations de parenté aux La Salle, devient Contrôleur général.**

1667   *J.-B. de La Salle est pourvu d'un canonicat.*

Salle, père de Jean-Baptiste, participa à la cérémonie parmi les laïcs privilégiés.

Le Royaume de France, dont Reims est alors l'une des capitales, compte à l'époque 15 millions de ruraux pour 1 ou 2 millions de citadins ; de cette population émergent quelques dizaines de milliers de personnages importants par leur naissance, leur charge, leurs relations, leur fortune. Les La Salle en font partie ; enrichis par le négoce depuis plusieurs générations, propriétaires fonciers conséquents, alliés aux grandes familles Moët, Coquebert, Lespagnol, ils tiennent leur rang parmi les cadres aristocratiques et bourgeois dont s'honore la cité... Ils font partie de cette élite privilégiée au cœur d'une ville marchande et sainte dont le symbole est la prestigieuse cathédrale des sacres. Cette ville royale est en pleine expansion au lendemain de près de quarante années de guerres, de révoltes et de mauvaises récoltes. Reims n'a rien alors d'une cité provinciale ; elle est au contraire vaste et active, grâce à son fructueux négoce, ses manufactures naissantes, l'influence de ses élites (Colbert, Le Tellier...) et l'immigration incessante des paysans d'alentour.

C'est dans ce contexte très citadin que Louis de La Salle « remplissait avec lumière et avec probité la charge de Conseiller (du roi) au Présidial ». A cette haute tâche s'ajoutait la gestion personnelle de ses biens, très lourde à l'époque, comme le donnent à penser les cahiers de « Comptes de

La cour intérieure de l'Hôtel de la Cloche où naquit La Salle. (Gravure du XIXᵉ siècle exécutée par Joffroy sur un dessin de Fichot.)

tutelle [2] » que fera tenir Jean-Baptiste, devenu tuteur des siens à la mort de ses parents. Les multiples affaires à suivre, les contrats à assurer, voire les procès à intenter pour conforter un patrimoine fort solide devaient effectivement alourdir les soucis du chef de famille.

La mère de Jean-Baptiste fait elle aussi partie de l'élite. « Fille de noble homme, Jean Moët... qui a château, bois et terres à Brouillet, Louvergny, Dugny », elle est à la hauteur des espoirs mis en elle. Sans déroger aux coutumes de l'époque, elle donnera naissance à 11 enfants, 8 garçons et 3 filles. 4 de ses enfants mourront jeunes ou en bas âge ; 4 autres embrasseront la vie religieuse... Mariée jeune, mère de nombreux enfants, décédée à trente-huit ans, elle illustre par sa vie la démographie de l'époque.

Nous sommes au siècle de « l'Honnête homme » : le sens de la hiérarchie, le goût de la méthode, le respect d'un ordre subtilement établi, une commune adhésion aux valeurs chrétiennes, tout cela va profondément marquer Jean-Baptiste.

Chez les La Salle, la vie de travail est étroitement liée à la vie domestique ; elle n'exclut pas les mondanités indispensables pour tenir son rang parmi l'élite de la société champenoise : musique, toilettes, danses... sans oublier le bon vin blanc des Moët et les sorties en cabriolet dans les terres de l'aïeul aux alentours [3]. Monsieur de La Salle regrettera que son fils aîné n'ait pas de dons pour la musique ; Blain, qui souligne ce manque, ajoutera que Jean-Baptiste paraissait plus sensible aux histoires pieuses de sa grand-mère qu'aux fêtes et concerts familiaux...

Rien d'original donc dans cette famille chrétienne, comblée, du XVIIᵉ siècle. Elle a un rang et elle le tient bien. Sans aucun complexe, selon un ordre qu'elle pense providentiel, elle est établie dans la richesse, au-dessus de ceux qui sont

> « pauvres par essence, qui le sont par état... (qui) endurcis dès le berceau dans l'indigence, élevés dans la pauvreté, (et qui) familiarisés avec les besoins de la vie n'en sentent la peine que quand elle est extrême » (B.,1.200).

Comme le constatera plus tard Jean-Baptiste, et souvent à ses dépens, le fossé est grand, sinon infranchissable, entre ceux qui se trouvent « sans crédit, sans biens, sans revenus et même sans métier »... et les autres, les rares nantis, riches d'une haute naissance, de terres, d'offices, d'argent, de relations dans toutes les sphères religieuses et civiles du pays... Seul peut-être, comme le note son biographe, « un parti pris selon Dieu » (B.,1,208) pourrait avoir raison de ce fossé ; car, ajoute-t-il sur le ton de la confidence, « la famille des La Salle — comme toutes les autres ''bonnes familles'' de l'époque — aurait été choquée et irritée d'un mélange de conditions si peu sortables ; (elle) n'aurait pas manqué d'en faire un déshonneur... » (*ibid.*, 172).

Cette attitude n'avait en fait rien de méprisant, car elle naissait d'une ignorance totale de ce que pouvait être la vie du peuple. Elle était compensée chez nombre de riches croyants comme les La Salle par une bienveillance active envers les pauvres : charité, aumônes et parfois initiatives coûteuses (fondation d'hôpitaux ou d'écoles).

La place du Marché de Reims.

Jean-Baptiste, baptisé le jour même de sa naissance, grandira et se développera dans ce contexte ; il recevra « une éducation conforme à sa naissance ». Son neveu, Maillefer [4], précise que, de bonne heure,

> « il se plut aux exercices sérieux, à la prière et à la lecture des bons livres... Monsieur son père s'appliqua (à) cultiver ces prédispositions ; il forma cet enfant sous ses yeux jusqu'à ce qu'il eût atteint l'âge (9 ans) de commencer ses études » (M.,19).

Il entre alors au collège de l'Université des Bons Enfants de Reims, et non chez les Jésuites de la ville.

L'enracinement champenois

On a peu d'éléments crédibles sur l'éveil religieux de l'enfant ; mais on en retire l'impression d'une ferveur précoce, dans un milieu chrétien privilégié. Une étape importante conforte ce sentiment :

> « Dès l'âge de 12 ans... (Jean-Baptiste) se sentit pressé du désir de se consacrer à Dieu dans l'état ecclésiastique » (M.,19).

On s'étonne aujourd'hui de la précocité d'un tel choix ; il n'en était rien alors, car, pour beaucoup — et même dans les familles bourgeoises —, l'enfance se terminait très tôt. Comme le rappelle

Ariès [5], Louis XIV avait des lieutenants de quatorze ans et Chavert est entré à son service à onze ans. Ce qui surprend, par contre, c'est le choix du sacerdoce, à contre-courant de la tradition familiale : la coutume était en effet de réserver la cléricature au cadet et non à l'aîné, l'officier d'Église devant compléter l'officier de robe.

Insolite, cette décision donne à penser que les biographes n'exagèrent pas en attribuant à l'enfant La Salle une attirance précoce pour le service de Dieu. Est-ce parce qu'il persiste dans cette orientation qu'à seize ans il se voit pourvu — noblesse oblige ! — d'un canonicat à la cathédrale de Reims, en remplacement de M. Dozet, archidiacre de Champagne et chancelier de l'Université de Reims ? On peut le supposer, sans oublier cependant ce que la charge avait d'honorifique et de gratifiant... ; mais, comme l'écrivent deux de ses premiers biographes, bien que le

> « titre de chanoine dispense de l'obligation de travailler » (B.,1,192), Jean-Baptiste ne se laissa pas griser par l'établissement (d'un canonicat qui) pouvait former un écueil dangereux et délicat pour un jeune homme qui commençait à respirer un air de liberté » (M.,19).

et qui se voyait doté à vie d'une riche prébende. En fait, l'avenir montrera que, tout en se pliant parfaitement aux us et coutumes de ce milieu, sans en refuser les avantages financiers, le nouveau préposé noua au Chapitre de la Cathédrale

Jean-Baptiste de La Salle : jeune chanoine.

des amitiés déterminantes pour ce qui deviendra l'option essentielle de sa vie : se donner à Dieu dans la prière d'Église, et mettre toutes ses forces au service des enfants les plus défavorisés.

Mais, pour l'heure, le regard de Jean-Baptiste n'est pas encore tourné vers les pauvres ; comment le serait-il d'ailleurs dans une société bâtie sur un cloisonnement total des statuts et des états ? D'autres soucis, éminement scolaires, le préoccupent ; il achève ses études de philosophie pour obtenir ensuite les degrés de Maître ès Arts. Ensuite,

> « son père attentif à le former de bonne heure aux sciences ecclésiastiques résolut de le faire étudier en Sorbonne pour y préparer sa licence et prendre le bonnet de docteur. Il l'envoya pour cet effet à Paris » (M.,21).

Nous sommes en octobre 1670, Jean-Baptiste a dix-neuf ans.

L'intermède parisien

La décision paternelle d'envoyer son fils à Paris révèle beaucoup de perspicacité, mais aussi des projets d'avenir : l'aîné des La Salle ne pourra être qu'un grand dans la cléricature. Pour cela, la meilleure porte est sans aucun doute celle de la Sorbonne — la plus célèbre Université d'Europe, à l'époque — et du séminaire de Saint-Sulpice, réputé entre tous. En fait, la mort de sa mère (20 juillet 1671), puis celle de son père (9 avril

1672) vont obliger La Salle à revenir à Reims pour répondre du

> « soin de la maison paternelle, de l'éducation de ses jeunes frères et de l'arrangement des choses domestiques » (B.,1,127), selon la volonté expresse de son père, dans son testament.

Mais ces dix-huit mois de séjour à Saint-Sulpice auront suffi à ouvrir ce jeune « clerc » à de nouveaux horizons.

Le décès de ses parents atteint très fortement un tempérament aussi sensible ; l'épreuve, au lieu de l'abattre, renforce les dispositions qu'il a nourries dans le haut lieu sulpicien, encore tout marqué de l'emprise spirituelle et apostolique de M. Olier. Son trajet, conçu au départ comme une traversée rectiligne, commence à dévier sous l'effet de cette première grande secousse. Il n'en est pas vraiment conscient car le glissement qui s'opère se limite à une façon nouvelle d'entrevoir le dessein de Dieu ; la voie à suivre, encore imprécise, reste intellectuelle ; elle passe par la découverte d'une théologie spirituelle centrée sur le Christ, théologie tributaire du courant mystique de l'École française du XVIIᵉ siècle : Bérulle revu par Condren et Olier. Avec ces spirituels, le regard de foi est orienté vers l'incroyable abaissement ou l'« anéantissement » du Dieu-Christ fait homme ; c'est sur cet aspect de l'Incarnation que se centre la vie spirituelle ; faire « comme » le Christ c'est vouloir descendre de son piédestal, s'anéantir à son tour, renoncer à sa condition de privilégié et comprendre combien le « pauvre » (à la ressemblance de Jésus-Christ) est le symbole et l'image la plus adéquate du Christ fait homme.

POINTS DE REPÈRE

1669	Après l'*Amphytrion* et *L'Avare*, **Molière connaît un triomphe avec** *Tartuffe*. **Ouverture de l'Hôpital des enfants trouvés au Faubourg Saint-Antoine.**
1670	*Monsieur de La Salle rejoint Saint-Sulpice.*
1671	*Mort de la mère de La Salle.*
1672	**Guerre de Hollande.** *Mort du père de La Salle : il quitte Paris.*
1673	**Mort de Molière.**
1678	*Prêtrise. Première messe.*
1679	*Rencontre Monsieur Nyel-Monsieur de La Salle.*
1680	**Les Dragonnades.**
1681	**Bossuet nommé évêque de Maux.** **De La Salle :** *Doctorat en théologie.*
1683	**Mort de la reine Marie-Thérèse. Louis XIV épouse en secret Madame de Maintenon.**
1684-1685	**Famine dans toute la France.**
1685	**Jacques II, roi catholique devient roi d'Angleterre.**
1685	**L'Édit de Fontainebleau révoque l'Édit de Nantes. Le Code Noir.**
1687	*Premier « séminaire » pour les maîtres de campagne.*

Autre point fort de cette spiritualité : une « méthode » cherchant à discerner les voies de Dieu. Pour cela, on médite la Parole de Dieu, sous la direction spirituelle de maîtres incontestés, dans des communautés presque monacales réunies autour d'un projet commun de prière et d'apostolat. Ces communautés, lieux d'écoute et d'étude de la Parole divine, sont disponibles pour l'envoi en mission. Une claire hiérarchie les ordonne ; privilégiant l'ordre sacerdotal, elle doit participer à la restauration de l'Église.

Même si pour La Salle, la synthèse de ces acquis doit prendre encore quelques années, cette première étape révèle l'essentiel de la trame spirituelle du futur Fondateur des Frères. Il n'y manquera que la navette des événements et des hasards pour donner à ce qui n'était qu'un appel confusément senti, la force d'une vocation librement assumée.

Dès cette époque, La Salle est conscient du caractère décisif de cet intermède parisien ; à preuve, ses fréquents passages à Saint-Sulpice, le choix d'un directeur spirituel dès son retour de Paris, l'engagement au sous-diaconat (1672) ; puis, quelques années plus tard, le premier essaimage de ses écoles hors du territoire de la Champagne, sur la paroisse du séminaire parisien de Saint-Sulpice.

Sous la conduite du chanoine Roland
(1672-1678)

1672. Jean-Baptiste est donc revenu à Reims. Il a vingt et un ans ; la mort des siens lui fournit l'occasion d'opérer un choix d'adulte entre la succession paternelle et la cléricature. Selon ses premiers biographes, il ne connut aucune hésitation, mais « il ne voulut pas faire une démarche d'aussi grande conséquence sans prendre conseil d'une personne sage et prudente ». Il s'adresse donc à Roland, « chanoine et théologal de la cathédrale de Reims » (M.,20). Par là, il se conforme à l'un des préliminaires de la conduite spirituelle recommandé par Saint-Sulpice ; La Salle appliquera cette règle monastique avec une grande ténacité jusqu'à la fin de sa vie ; pour lui, il y va du discernement de la volonté divine, lequel comporte le plus souvent trois sinon quatre étapes distinctes : une méditation prolongée de la Parole de Dieu quand un événement le questionne ; une analyse personnelle de la situation, d'où naît une première ébauche d'orientation ; enfin la référence au jugement d'une personne de confiance, soit une autorité hiérarchique inconstestée, soit une autorité légitimée par la sainteté de sa vie. Homme réputé timide, La Salle franchit le plus souvent ces passages obligés dans l'incertitude, l'écoute et parfois de longues hésitations... puis il décide, sans retour en arrière ; il se montre même inflexible et plus d'une fois son « énergie calme et courtoise » passera aux yeux de ses opposants pour celle d'« un homme entêté et attaché à son sens » (B.,1,176).

La Salle s'adresse donc à Roland. Ce choix s'inscrit dans la ligne spirituelle qu'il a choisie : celle du don de soi sans demi-mesure, dans le service de Dieu. Car si, comme les La Salle, Roland appartient à une famille bourgeoise, s'il est également chanoine de la cathédrale, il est surtout généreusement impétueux ; il a quelque chose du chavelier, sinon du Don Quichotte, pour l'héroïsme et l'enthousiasme. Intelligent, sensible, quelque peu séducteur, il a joué dans une tragédie montée par les Jésuites devant la cour de Louis XIV lors de son sacre à Reims[6]. Le succès près de la gent féminine de la haute société ne lui manque pas mais il se « convertit », comme on disait alors, et, avec fougue, il se lance dans l'aventure des ascètes mystiques du temps. Il se forme à Paris, dans la communauté de la rue Saint-Dominique-d'Enfer, que venaient de quitter La Pallu (l'un des fondateurs des Missions Étrangères) et Montigny Laval. L'atmosphère exaltante, sinon survoltée, de ces années ne cessera d'être sienne.

Docteur en théologie, Roland revient à Reims ; il y est fait chanoine et « théologal » (c'est-à-dire prédicateur officiel de la cathédrale) avant même de recevoir le sacerdoce. Jugeant sa formation incomplète, il retourne à Paris, passe quelque temps à Saint-Sulpice et se rend ensuite à Rouen pour se mettre sous la direction d'un saint missionnaire de l'époque, le Père de la Haye, ami du Père Barré. Prolongeant cet itinéraire à marche forcée, Roland va bientôt prendre en charge un orphelinat rémois où l'on regroupe des enfants « nus, affamés, et dans l'infection et la fange ». Sa fortune et son dévouement lui permettent de rendre vie à l'institution et aux enfants qui y passent ; il obtient ensuite du P. Barré l'envoi de deux Sœurs, qui formeront des maîtresses pour les écoles de filles. De cette initiative, naîtront celles qu'on nommera ensuite les Sœurs du Saint-Enfant Jésus, proches des Dames de Saint-Maur, fondées par le P. Barré. Une intimité étroite allait naître pour six années entre deux hommes d'un même milieu : le Roland converti, entier et impétueux mais déjà miné par une vie dépensée sans mesure, et le jeune La Salle, calme et plutôt réservé, apparemment peu enclin aux mêmes foucades que son nouveau directeur spirituel. Sans même qu'il s'en rende compte, ce type de relations va l'entraîner dans une zone de détresses et de turbulences inattendues, celle de la nouvelle pauvreté citadine de l'époque, en suivant l'itinéraire de ses directeurs spirituels : Reims (Roland), Paris (Saint-Sulpice, Barré), Rouen (Barré). Cependant, pour La Salle, ce qui compte ici, ce ne sont pas les modalités de cet ébranlement mais bien le don à Dieu et à l'Église, don déjà total, au moins dans l'intention. L'impétuosité de La Salle est certes contenue, mais il ressent autant de fougue que son maître, et elle le mènera loin.

Avec un tel directeur spirituel, les hésitations ne sont plus de mise, même si concrètement la réalisation des projets prend du temps.

En 1672, dès son retour de Paris, Jean-Baptiste est fait sous-diacre. En 1673, il retourne à l'Université préparer son doctorat de théologie, qu'il obtiendra en 1680 ou 1681. En 1677, il est fait diacre.

C'est alors que Roland l'engage à quitter son canonicat pour la cure de Saint-Pierre de Reims, paroisse très populaire de la ville. Peu séduit par la proposition, parce qu'intérieurement il ne s'y sent pas appelé, La Salle engage quand même le processus ; mais assez rapidement, il se rend aux résistances de son entourage et au refus de son archevêque, lesquels rejoignent son sentiment personnel. Double soumission qui n'a rien de contradictoire, car elle manifeste l'hésitation de La Salle devant l'avenir : il cherche à discerner dans le jeu des événements, où, quand et comment Dieu l'appellera. Généreusement, il a prouvé qu'il était prêt à laisser son canonicat pour la vie difficile d'une cure populaire ; l'intention a, pour le moment, suffi à tout. Pour lui, le plus important est alors de nourrir un grand rêve évangélique. A force de rêver pauvreté, abandon, conversion, il ne tardera pas à s'élancer et à réaliser d'une manière méthodique les folles prouesses entrevues à Saint-Sulpice et près de Roland.

En attendant, La Salle continue, sous la direction de Roland, à remplir ses fonctions de chanoine et sa lourde charge du tuteur familial, tout en se préparant à recevoir la prêtrise.

Le 9 avril 1678, veille de Pâques, il devient prêtre. Se refusant aux cérémonies d'éclat qui devraient marquer l'ordination d'un chanoine déjà illustre par son rang, il célèbre « sa première messe dans la cathédrale, sans solennité » (M.,25). Parmi ses invités se trouve Roland qui mourra quelques jours plus tard, le 20 avril 1678. Celui-ce fait de Jean-Baptiste son exécuteur testamentaire et lui demande d'obtenir, pour la communauté des Sœurs du Saint-Enfant Jésus, les patentes royales, le consentement de l'archevêque et l'agrément des édiles de la ville pour la reconnaissance définitive de leur établissement.

La Salle use de ses relations ; « le crédit, l'autorité, la faveur, les secours humains lui étaient nécessaires » (B.,1,140) pour convaincre les magistrats toujours réticents devant des fondations nouvelles et… coûteuses ; il se donne donc « beaucoup de mouvements » pour obtenir leur agrément ; une fois leur consentement accordé, l'archevêque donne le sien et se charge d'obtenir les lettres patentes. Le Parlement ne pouvant refuser au frère de Louvois une telle requête, La Salle a bientôt entre les mains les documents officiels d'accréditation de la congrégation. La promesse faite à Roland est tenue.

Libéré de toute obligation à l'égard des Sœurs, le futur fondateur des Frères reprend ses activités dans son milieu social et familial, tout en continuant de célébrer la messe au milieu des religieuses. Et, c'est là, dans le vestibule de la maison, par une rencontre que les biographes jugent toute fortuite, que va se jouer le devenir de La Salle.

Première messe de J.-B. de La Salle, 10 avril 1678.

2. Le grand tournant
(1679-1682)

« Monsieur Nyel arrivé à Reims sonnait encore à la porte de la nouvelle Communauté des Maîtresses d'école (Sœurs de l'Enfant Jésus), lorsque Monsieur de La Salle y arriva. L'un et l'autre se virent pour la première fois sans rien se dire et avec l'indifférence des gens qui ne se connaissent point et qui connaissent encore moins les rapports qu'ils vont avoir ensemble » (B.,1,161).

Sans accorder trop de crédit aux détails qui souvent chez Blain font songer à une reconstitution orientée des faits, deux évidences sont généralement retenues par les biographes. L'une porte sur la fidélité de La Salle envers les siens, les Sœurs, le Chapitre de la Cathédrale. La seconde, sur l'irruption imprévisible d'un événement fortuit, qui va l'engager de façon presque imperceptible dans sa nouvelle « carrière ».

Après coup, on peut évidemment penser que les événements n'étaient quand même pas aussi gratuits que le donnent à penser les biographes. Nyel appartient, en effet, à un réseau d'alliances « mystiques » déjà bien nouées, allant de Rouen à Reims et passant par des spirituels comme Barré, Roland et La Salle. Nyel, cinquante-huit ans, instituteur patenté, économe de l'hôpital de Rouen, est connu dans cette ville comme le créateur d'écoles populaires pour les garçons. Il arrive à Reims (non loin de Laon, sa ville natale), mandaté par Mme Maillefer, riche bourgeoise, convertie, installée à Rouen mais native de Reims et parente de La Salle ; de plus, elle se trouve sous la direction spirituelle du P. Barré ; c'est vraiment la grande famille.

Quand Nyel croise La Salle, dans les locaux des Filles du Saint-Enfant Jésus, il a pour mission d'ouvrir à Reims une école gratuite pour les garçons. Grâce aux écus de Mme Maillefer, il répondra ainsi aux projets longtemps caressés par Barré et Roland en faveur des garçons pauvres et abandonnés des villes.

La Salle est donc mis au courant des intentions de M. Nyel : à peine sorti des délicates tractations visant à légaliser la communauté des Sœurs, le voilà de nouveau confronté aux difficultés des relations avec les autorités ; il expose la situation à M. Nyel, non sans lui proposer un début de solution ; les édiles rémois n'étant pas favorables au lancement d'œuvres caritatives nouvelles, ne vaut-il pas mieux travailler dans la discrétion et

Nicolas Barré (1621-1686) de l'ordre des Minimes, fondateur des Dames de Saint-Maur. Son influence fut décisive sur l'orientation des créations de La Salle.

se trouver une couverture hors de tout soupçon ? Et La Salle pousse la circonspection et le sens de l'entraide jusqu'à inviter M. Nyel et son jeune maître de quatorze ans qui portent « cheveux courts, habit noir et modeste rabat », à loger chez lui ; l'entourage est si accoutumé à voir chez les La Salle des prêtres de passage que rien du projet ne devrait être éventé jusqu'au jour où l'on trouverait la complicité indispensable d'un curé de paroisse soucieux de se doter d'une école de garçons. M. Dorigny, curé de Saint-Maurice, est pressenti ; d'emblée il accepte de loger « les deux maîtres d'école » chez lui et l'école s'ouvre sur sa paroisse (1679).

Ceci fait, La Salle se retire, ou plus exactement prend ses distances par rapport à une œuvre qu'il ne considère pas comme sienne.

Excellent diplomate, M. Nyel a rapidement perçu tout l'avantage que représente un La Salle pour ses initiatives ; non seulement il vient « de temps en temps lui rendre visite », mais très vite il le met en rapport avec une autre dame d'œuvres — Mme Lévêque de Croyères — que La Salle connaissait déjà, « sans enfants et avec de grands biens », soucieuse de pourvoir la paroisse Saint-Jacques (Reims) d'une école de garçons. Aussitôt dit, aussitôt fait ; juillet 1679, une deuxième école s'ouvre... ce qui — succès aidant — oblige le curé de Saint-Maurice à loger cinq maîtres en son presbytère.

> « Tels furent — au dire de ses premiers biographes — les premiers engagements de M. de La Salle dans l'établissement des écoles gratuites. »

Ces premières implications vont de manière insensible amener La Salle à plus d'engagements. Bien vite, en effet, il sera amené à se soucier de la formation de maîtres recrutés à la hâte et avec si peu de discernement que, le premier succès passé, tout semble immédiatement menacé : « Chaque maître suivait son génie particulier dans la manière d'enseigner » (M.,38) ; Nyel, leur responsable, est fréquemment absent ; les maîtres sitôt à pied d'œuvre quittent les écoles...

La Salle qui avait appuyé de toute son autorité personnelle les premières fondations, se croit obligé d'y remédier. Même traduite en termes spirituels, une telle intervention chez cet « honnête homme » devient une question d'honneur et de famille. Si bien qu'à Noël 1679, La Salle loue « une maison proche de la sienne »... « pour être à portée de les avoir sous ses yeux et les voir plus fréquemment » (M.,39). M. Nyel n'en prend nul ombrage ; il profite même de l'aubaine pour ouvrir une troisième école. Le prologue est ainsi joué ; les acteurs sont maintenant en place. La Salle, que son tempérament ne portait pourtant pas à l'audace, allait être mis en demeure — par la Providence, comme il le signifiera lui-même — de continuer une pièce et un mouvement amorcés en dehors de lui. Selon le regard qu'on y porte, on parlera de rencontres fortuites, voire d'un jeu inattendu de l'amour (pour les pauvres) et du hasard ; mais improvise-t-on une attitude aussi profonde ? Malgré l'apparence des événements, tout donne au contraire à penser que l'engagement discret de La Salle est en fait l'émergence significative d'un itinéraire spirituel entrepris de longue date, celle d'un don total à Dieu.

C'est presque « forcé » par la Providence qu'il s'engage dans cette voie inattendue. Mais cette vie nouvelle va être éclairée par toutes les expériences vécues jusqu'alors, toutes les relations humaines découvertes peu à peu, et surtout par la vie spirituelle très riche qui est la sienne depuis longtemps. Ayant insensiblement pris pied dans le monde scolaire des pauvres, il va être « bousculé » par l'étrangeté et la provocation quotidienne de cet univers.

L'option déchirante
pour les plus pauvres

Les engagements de La Salle vont s'accélérer. Nyel [7] est un admirable promoteur, il n'est pas un formateur. Homme généreux et sympathique, dont La Salle gardera un souvenir ému, il sent que désormais ses œuvres rémoises sont en bonnes mains et il s'en remet à leur nouveau promoteur pour que réussite s'ensuive. Comme s'il avait saisi l'invite, La Salle, au printemps 1680, interroge le P. Barré pour savoir jusqu'où porter sa sollicitude à l'égard de l'œuvre en cours. La réponse n'a rien de dilatoire ; aussi, en 1680, La Salle accueille-t-il les maîtres à sa propre table (juin 1680).

En 1861, il va beaucoup plus loin, et loge ces mêmes maîtres dans son hôtel. Cette décision inattendue provoque dans son milieu incompréhension, scandale et mesures de rétorsion : la famille le sépare de ses frères (encore en tutelle). Un an plus tard, en 1682, La Salle émigre avec les maîtres dans un immeuble proche du collège des Bons Enfants.

Les événements se sont donc précipités. Chacune des décisions est mûrie au fil des événements et reçoit sa marque spirituelle : Noël 1679, semaine sainte 1681, et — même si la coïncidence est surtout légale car la signature des baux se fait traditionnellement à cette date — fêtes de la Saint-Jean Baptiste, son patron (1681 et 1682)... Façon de souligner que la démarche s'accomplit au nom d'un impératif évangélique, qu'elle fait partie d'un itinéraire de croyant prêt à tout ce qu'il considère comme la volonté de Dieu.

Et Dieu, apparemment, demande beaucoup ! La Salle perçoit très vite les exigences de sa situation, et y répond tout aussi rapidement : cet homme calme est capable d'accélérations stupéfiantes dès que Dieu balise son chemin.

Or, il fallait à Jean-Baptiste une dose surprenante d'audace, de « folie » diront certains, pour s'engager avec les premiers maîtres recrutés par Nyel.

Le partage quotidien du logis, de la table et des discussions avec ces maîtres et ces élèves démunis, est, bien sûr, pour lui une découverte essentielle, mais c'est aussi une épreuve difficile à assumer. Certes, depuis des années, et surtout depuis Saint-Sulpice, il connaissait la pauvreté. Mais cette fois, elle prenait un visage, empreint de « cette grossièreté que traîne avec elle une vile naissance ». Ses traits n'avaient rien de céleste !

Plusieurs années plus tard, dans un mémoire, La Salle en témoignera avec la discrétion qui lui est coutumière :

> « Si j'avais cru que le soin de pure charité que je prenais des maîtres d'école eût dû jamais me faire un devoir de demeurer avec eux, je l'aurais abandonné : car, comme naturellement je mettais au-dessous de mon valet ceux que j'étais obligé, surtout dans les commencements, d'employer aux écoles, la seule pensée qu'il aurait fallu vivre avec eux m'eût été insupportable. (Et l'aveu de suivre.) Je sentis, en effet, une grande peine dans le commencement que je les fis venir chez moi ; ce qui dura deux ans » (B.,1,169).

On s'en doute, ces maîtres avec qui La Salle va désormais jouer son destin n'appartenaient nullement à une élite ni même à la corporation des maîtres écrivains. Les maîtres rassemblés par Nyel avaient quelque chose du bedeau, du sacristain, du chantre, de l'homme à peine dégrossi, prêt à tout faire pour vivre en la paroisse. Ils se recrutaient surtout parmi les bons chrétiens émigrés de la campagne, parmi les soldats libérés, les désœuvrés sortis des séminaires. Gens au statut mal défini que dépeindra Blain en termes souvent fort noirs et certainement exagérés. Il faut cependant prêter attention à cette peinture, car elle permet de comprendre la mentalité qui dominait alors dans les milieux aisés comme celui de Jean-Baptiste de La Salle. En effet, tout séparait les nantis de ce peuple des pauvres gens dont les maîtres faisaient partie. Tout les séparait, sauf la conversion qui engendre la « folie » mue par l'Esprit, celle de Roland, de Mme Maillefer et bientôt celle de La Salle. Tous sont marqués par la vision paulinienne de ce Dieu qui s'est fait semblable à l'homme, en tout sauf le péché ; l'époque, à la suite de Bérulle, voyait dans l'Incarnation l'abaissement de Dieu plus que l'élévation de l'homme.

En un premier temps, c'est donc pour imiter Jésus-Christ que La Salle veut s'abaisser en liant

> « société avec des gens grossiers... avec des hommes pour la plupart sans éducation, sans conversation, sans civilité et incapables de concourir à un entretien... raisonnable » (B.,1,172).

Dans ce premier temps, il est appelé à « vaincre la peur », à faire vraiment route avec « ceux qui étaient réduits par état à un nécessaire fort modique et qui ne jouissaient d'aucun fonds » (M.,54) et de si peu d'estime. Pour La Salle, cette peur profonde ne peut se vaincre que par un geste volontairement spectaculaire, aux conséquences irrévocables. Faire table commune avec des pauvres, loger les maîtres chez lui étaient à l'époque de ces gestes démesurés de néophyte, comme surent très bien le lui faire comprendre, pour l'en blâmer, sa famille et son entourage : « Vivre avec ces paysans ! » Et Blain d'en faire une geste héroïque : on lui demandait non pas de se faire païen avec les païens, mais bien, ce qui est un comble, « de devenir grossier avec des gens grossiers » (B.,1,178), « flétrissant ainsi son honneur et méconnaissant son propre sang » (*ibid.*,1,176). En termes plus délicats, mais tout aussi réalistes, les parents de La Salle

> « lui reprochèrent qu'il déshonorait sa famille et son état en se chargeant ainsi de la conduite d'un nombre de sujets de basse naissance et sans éducation... Qu'il allait éloigner par là tous les honnêtes gens de sa maison et qu'il se verrait abandonné et méprisé de tout le monde... » (M.,45).

Car, évidemment, hier comme aujourd'hui, se couper de son milieu, c'était pour La Salle se mettre en porte à faux aussi bien avec les siens qu'avec ceux qu'il prétendait rejoindre. Au nom de quoi, malgré l'admirable vénération que ses maîtres lui porteront par la suite, La Salle fera jusqu'à la fin de ses jours la dure expérience du déracinement, et parfois de l'exclusion, qui mène inexorablement à la plus haute des solitudes.

Cette fois le pas est franchi, mais, pour lui, la

rupture avec sa condition sociale de privilégié n'implique nullement une mutilation. Le moment où il se libère du poids des conventions sociales, où il juge qu'il n'a rien à perdre mais tout à gagner est un moment de grâce ; la rupture est bien dans la lignée des « gestes » d'un Martin de Tours ou d'un François d'Assise. Elle est un événement significatif sur lequel d'autres hommes pourront ensuite prendre appui pour décider de leur vie nouvelle.

Il fait donc sien cet itinéraire paulinien enseigné par Saint-Sulpice. Et cependant La Salle n'est pas homme à agir par provocation ou bravade ; son tempérament ne le porte pas à se donner en exemple. S'il agit de la sorte, c'est que cette conduite lui est imposée comme une évidence par l'Évangile. C'est là que se situe désormais son véritable honneur de disciple de Jésus-Christ. C'est ce que sa famille et son milieu ne peuvent comprendre et ne sont pas prêts à lui pardonner.

Dès 1682, le bilan est déjà net ; après les difficultés de 1681, la situation s'est nettement redressée ; les maîtres et les créateurs d'écoles de Reims et des environs immédiats le reconnaissent comme leur animateur privilégié, presque leur chef. Une véritable forme de communauté s'établit tandis que s'écrit un premier coutumier : « Pratiques du règlement journalier [8]. » La Salle suit bien là l'éternel itinéraire du mystique, qui gagne tout alors qu'il a tout perdu aux yeux du monde.

Un authentique compagnonnage

Le pas est franchi, La Salle a choisi la pauvreté. Mais, dans cette nouvelle vie, il n'évitera pas toujours les maladresses. Il rassemble autour de lui les maîtres de trois écoles rémoises. En plein accord avec eux (du moins le pense-t-il), il commence par les réformer. Pour un homme réaliste en affaires, la procédure semble aller de soi. Bien peu d'hommes échappent à la tentation de reproduire chez autrui ce qui a bien fonctionné chez soi. Pour La Salle, la méthode se résume en quelques mots, fort prisés en cette fin du XVIIᵉ siècle : ordre, méthode et règlement. A la spontanéité individuelle va se substituer une organisation rationnelle que l'on pourrait aujourd'hui qualifier de « taylorienne » : il découpera le temps et l'espace, voire l'itinéraire individuel, en autant d'éléments que l'exigera l'efficacité. Une efficacité de masse, car une classe rassemble parfois jusqu'à cent enfants pour un seul maître.

Pour réduire « la fantaisie d'un chacun » (B.,1,170) La Salle « prescrit à chaque action son temps précis » (B.,1,174) ; régularité d'horaires, de lectures, de présence, contrôle serré des mouvements, des humeurs et des paroles sont de mise. La réglementation prend forme. L'ascèse familiale et l'ascèse sulpicienne se rejoignent dans une même attitude d'auto-contrôle, sinon d'auto-censure. Curieuse façon de rejoindre des gens

« grossiers et vils », des « gueux » recueillis par nécessité dont les vêtements, le maintien, le comportement à table ou au travail nous sont fidèlement rapportés par les tableaux des frères Le Nain, *Repas de paysans, La Charrette, Famille de paysans*. Quelle distance entre ces paysans tout droit venus de leur campagne et les La Salle dans leur riche décor, avec leur atours et leur beau langage [9] ! Aujourd'hui encore, nous sommes frappés par le terrible contraste dont les peintures de l'époque sont le reflet : luxe et misère, couleurs somptuaires et grisaille quotidienne. Quoi qu'il en soit, pour les premiers maîtres, la rude discipline de La Salle faisait trop cher payer la sécurité du vivre et du couvert. Le résultat ne tarde pas. En dépit des améliorations apportées à leur sort, des prévenances de Jean-Baptiste empreintes de « manières douces et insinuantes » (M.,120), les bénéficiaires protestent et quittent leur poste. La Salle veut les plier à son rythme, les faire accéder à ses privilèges, et cela n'a pour eux rien de bien réjouissant. Il faudra quelques mois à La Salle pour comprendre son erreur : il ne se met pas vraiment avec eux, il les met avec lui. Les premiers maîtres n'en demandaient pas tant ; aussi le quittent-ils, disant à leur façon, qui n'est pas celle du discours, que l'imitation des bonnes manières n'est pas de leur goût et qu'il faudrait plus qu'un vernis de civilité pour les convertir à la rude tâche d'enseignants bénévoles.

Le choc est rude. Il va amener La Salle à se déposséder davantage de son passé sans avoir encore les clefs de l'avenir ; vivre ainsi, en transit dans sa propre existence, n'a rien de confortable, et c'est cependant l'itinéraire qu'il se choisit, les événements étant pour lui une expression de la volonté divine. C'est probablement en 1682, à l'issue de son transfert dans un autre habitat (à la convenance des maîtres celui-ci) que La Salle découvre la pauvreté sous un jour nouveau. Cette fois, il dépasse les pieux discours, et voit plus loin que la grossièreté des vêtements ou la vulgarité des manières : sous son nouveau regard, ces maîtres, démunis de tout, deviennent des personnes, qui l'interrogent profondément et vont lui révéler peu à peu les richesses des laissés-pour-compte. Quelques mois de vrai compagnonnage suffiront pour apporter à ces tableaux d'un quotidien sans joie, dignes d'un Le Nain, la lumière qui transfigure tout, à la manière de cet autre peintre contemporain, Georges de La Tour.

Des risques partagés
dans l'égalité

L'un des moments privéligiés où l'on voit cette transformation profonde s'opérer est particulièrement bien détaillé par ses biographes. Nous sommes toujours en 1682 ; l'affaire débute par des rumeurs et des sentiments diffus ; La Salle vit avec les maîtres, dans leur maison et leur communauté ; malgré ses exemples et ses exhortations, il sent la défiance d'installer. Bientôt le franc-parler de ces « gens sans fard et qui n'avaient jamais étudié l'art de dissimuler » (B.,1,156-157) va préciser le malaise. Les maîtres, avec réalisme, sentent que désormais ils ne peuvent plus envisager leur travail comme une tâche temporaire, une sorte d'emploi intérimaire ; mais, s'ils acceptent de se dévouer gratuitement à vie, qu'adviendra-t-il d'eux quand la maladie ou la vieillesse les priveront de leur emploi ? La Salle leur répond comme un riche de l'époque le pouvait faire : la Providence y pourvoira, « les oiseaux du ciel ne sèment ni ne moissonnent et cependant... ».

Mis en confiance et las d'entendre des réponses qu'ils jugent par trop faciles, les maîtres lui rétorquent qu'il en prend à son aise, et même qu'il est indécent pour un La Salle de leur parler confiance et Providence : n'a-t-il pas ses arrières assurés, riche qu'il est d'une prébende et d'un patrimoine à leurs yeux fabuleux ? Si l'on songe aux relations de l'époque, la rebuffade était de taille ; elle ruinait les prétentions spirituelles du chanoine ; La Salle ne s'en vexe pas ; il « sent toute la force de cette réponse », et « qu'ils avaient quelque raison de lui faire ce reproche » (M.,57) et de lui révéler à leur tour le sens des interpellations divines.

Incident de parcours, peut-être ; en fait, étape privilégiée, comme le soulignent des spécialistes de l'histoire spirituelle lasallienne comme M. Sauvage et M. Campos. Elle sort La Salle de ses abstractions ou des recettes spirituelles toutes faites. Grâce à de pauvres maîtres, sa disponibilité le lance dans une perception nouvelle et concrète des appels de Dieu : façon pour lui de se laisser éduquer et conduire par la Providence. Ce comportement d'abandon (le mot est très à la mode à cette époque) n'a rien d'une passivité facile ; il exige une difficile synchronisation entre l'écoute de la Parole divine et celle des hommes démunis, là où elles semblent justement s'opposer. Il en résulte des engagements précis et, pour le cas présent, décisifs.

Ainsi, le coup porté par les maîtres à son statut de possédant et d'assuré à vie est un appel à une exigence nouvelle, imprévue dans son plan : se défaire de son canonicat et de son patrimoine. Il ne suffit pas de s'être libéré du cercle des siens, qui l'empêchait d'avoir une vision réaliste du monde, il lui est maintenant demandé d'assumer lui-même une véritable situation de pauvreté. C'est l'unique façon d'affirmer les maîtres, de stabiliser les écoles, de mettre à la portée des enfants pauvres les biens de la culture, et de les ouvrir à la bonne nouvelle du salut [10].

Ce n'est pas pourtant de manière ingénue que La Salle répond à la provocation divine. A son accoutumée, après avoir écouté et entendu les maîtres, il réfléchit, médite les fortes paroles d'Évangile que lui rappelle le P. Barré, près duquel il a pris conseil ; son réalisme coutumier l'enferme dans un tissu de contradictions qui le font hésiter sur les modalités de son nouvel engagement. Sa prière est à cet égard significative :

> « Mon Dieu, je ne sais pas s'il faut fonder ou s'il ne faut pas fonder ; ce n'est pas à moi d'établir des communautés ni à savoir comment il faut les établir. C'est à vous à le savoir et à le faire en la manière qu'il vous plaira. Je n'ose fonder parce que je ne sais pas votre volonté. Je ne contribuerai donc en rien à fonder nos maisons. Si vous les fondez elles seront fondées, si vous ne les fondez pas, elles resteront sans fondation. Je vous prie de me faire connaître votre sainte volonté.
>
> ... Je ne m'en déferai si vous ne le voulez ; je ne m'en déferai qu'autant que vous voudrez ; si vous me dites de conserver quelque chose ne fût-ce que cinq sols, je les conserverai... » (B.,1,218-219).

Une fois décidé à se faire pauvre comme ses maîtres, c'est dans un long et délicat discernement à la volonté de Dieu qu'il va se démettre de ses richesses ; évangéliquement, il ne le fera ni en faveur des siens ni en celle de ses écoles. Pour ce qui est de son canonicat, il n'en comble pas son propre frère, comme l'eût voulu le simple bon sens traditionnel, il en enrichit « un pauvre et simple » clerc de Reims, M. Faubert, renommé pour son zèle et son esprit évangéliques (1682-1683). On devine le retentissement, dans le cercle restreint des privilégiés, de cet abandon d'une rente particulièrement fructueuse (qui, à la rigueur, aurait pu profiter aux écoles) et d'un tel choix de succession. Mais, comme le soulignent à maintes reprises ses biographes, pour se revêtir de Jésus-Christ, ne fallait-il pas être à même de lutter contre sa nature, « n'écouter ni la chair ni le sang » ?

Quant à sa fortune personnelle, des événements — la disette de 1684 et 1685 — vont l'amener à s'en séparer en faveur des pauvres mendiants affamés de la ville et des écoles. Il n'en conservera « par le conseil de son directeur et de ses plus intimes amis, que 200 livres de rentes » réservées à ses voyages, à sa subsistance et « à fournir sa bibliothèque de livres à son usage et à sa communauté ».

Cette fois La Salle a rompu toutes les amarres. Pour mieux comprendre la portée de cette rupture, il faut se placer dans le contexte de l'époque. Comme le rappelle Fourastié [11],

> « le premier rôle d'un père était essentiellement de maintenir : maintenir la propriété ou la "maîtrise", les titres et le rang, la religion et le bien familial. On les maintient à tout prix comme condition sine qua non de toute vie. Ou bien vous gardez le patrimoine ancestral ou bien vous disparaissez comme personne civilisée, comme personne morale même ; puis, inéluctablement, une année de famine, comme personne physique, vous sombrez dans la disparition. »

La Salle a trente-huit ans; à la fin de ce long cheminement spirituel, il ne prend plus le problème à rebours. Déchargé

> « d'un fardeau (de richesses) qui lui était devenu onéreux à cause des contradictions continuelles auxquelles il l'exposait »

il pensa se retirer à Paris, espérant que « son absence et son éloignement calmeraient les esprits agités au sujet de sa dernière démarche » (M.,65). Là, il voudrait ouvrir l'école gratuite déjà promise à ceux à Saint-Sulpice, mais son confesseur l'en dissuade, car

> « sa présence était nécessaire à la Communauté des Frères des Écoles et (qu') il allait faire un tort irréparable s'il les abandonnait ainsi dans ses commencements » (M.,65).

Vers une communauté

La période champenoise de La Salle va bientôt s'achever. Elle aura été déterminante. Même si rien n'est encore définitivement joué, un Fondateur commence à apparaître. La Salle est alors, au physique,

> « un bel homme, le visage serein et prévenant; d'une taille au-dessus de la médiocrité, bien prise et bien proportionnée... La tête un peu penchée sur le devant, le front large, le nez grand et bien tiré sans être aquilin; les yeux vifs et bleus; les cheveux châtains et crépus, la voix forte et distincte » (M.,258).

Cet homme qui a tout pour séduire, que la culture et le rang privilégient, s'est mis volontairement à contre-courant de son milieu ; il a pris parti et manifesté une sympathie active pour de simples maîtres et pour les pauvres enfants qu'ils reçoivent en classe. Il a maintenant acquis la certitude que « Dieu l'appelle à prendre soin des écoles » (B.,1,193) ; cette assurance va devenir le fil conducteur de toute sa vie. Elle donnera sens et matière à sa soif d'abandon à la Providence, de renoncement au monde à la suite du Christ, source de sa vie spirituelle.

Pour le moment, cependant, le Fondateur retient son souffle ; le seul droit qu'il réclame, c'est de demeurer en quelque sorte invisible et de s'adonner en tranquillité aux œuvres naissantes. Déjà plusieurs écoles fonctionnent : trois à Reims, une à Rethel, une cinquième à Guise, une sixième à Laon... Le succès fait tache d'huile. Le risque est grand d'aller trop vite en besogne. Au contraire de Nyel, La Salle a « de la peine à trouver assez de sujets pour fournir à ses établissements... il fallait temporiser jusqu'à ce qu'il (en) eût formé d'autres » ; parfois il voit « son ouvrage sur le penchant de sa ruine » ; car les maîtres très vulnérables désertent facilement. Au lieu de s'en trouver abattu, La Salle perçoit avec acuité que la priorité doit être donnée à l'essentiel, la construction intérieure de ces maîtres recrutés au hasard des circonstances ; pour lui, maintenant, aucun doute possible : insérer des volontaires dans une vocation aussi insolite que celle de maîtres d'écoles populaires, c'était d'abord inventer une autre forme de grandeur, tout intérieure, celle-là ; une autre forme de vie consacrée, bâtie à la fois sur la réalité et sur un absolu : Dieu et l'amour inconditionnel des pauvres auxquels le Christ avait donné son visage. Nous dirions aujourd'hui que La Salle avait la conviction qu'une vocation aussi peu gratifiante et aussi hasardeuse ne pourrait avoir de sens et de continuité que si elle s'enracinait profondément dans la foi et la culture chrétiennes ; pour y répondre, les maîtres devraient être des hommes réalistes, véritablement immergés dans le monde qu'ils avaient à servir. Avec le recul de l'histoire, nous ajouterions que la réussite suivrait, car le génie spirituel rassembleur de La Salle se doublait d'intuitions pédagogiques novatrices ; ces innovations, soutenues par une méthodologie rigoureuse, allaient échapper à la ruine de nombre d'œuvres scolaires masculines qui commençaient à voir le jour dans toute la France. A de rares exceptions près (Lorraine, Lyon), elles n'avaient aucun lendemain.

C'est dans le cadre de la formation de ses maîtres que s'inscrivent les décisives journées de retraite de mai 1686. Nyel a rejoint Rouen (1685) et laissé La Salle devenir le seul promoteur du secteur champenois ; les maîtres qui y travaillent ont accepté de se réunir en une assemblée extraordinaire de dix-huit jours !

Depuis près de deux ans déjà, ces maîtres se distinguaient des laïcs et des clercs par un habit singulier, c'est-à-dire, dans le langage du XVIIe siècle, spécifique. Pour le choix de cet habit, La Salle, qui n'aimait pas « enjamber la Providence », avait été directement provoqué par le rude hiver 1684-1685 ; sur le conseil du maire de Reims, il avait gratifié chaque Frère d'« une capote en serge noire croisée », harmonisée avec une soutanelle qui remplaçait le pourpoint ; le chapeau aux rebords légèrement plus larges que ceux des couvre-chefs paysans de Champagne et les chaussures « que portent les gens de charrue » complétèrent un accoutrement... fâcheusement rustique dont se gaussèrent les gens des villes. En fait, il ne s'agissait pas d'une solution bâtarde mais bien, comme l'indiquera plus tard (1689) le *Mémoire sur l'Habit*, de la recherche d'un vêtement distinctif qui devait permettre de ranger les maîtres (désormais appelés « Frères ») dans une catégorie inédite, ni ecclésiastique ni séculière [12] !

La Salle, par solidarité avec les siens, revêtit lui-même cet habit, provoquant une nouvelle vague d'indignation. Il n'y prend garde, pour le moment ; à ses yeux, le changement signifie que les maîtres d'écoles ont décidé — dans le langage de gestes concrets et visibles qu'ils affectionnent — de se démarquer des projets mondains et

Frere des Écoles Chrétiennes,
et Charitables.

Le chapeau aux larges rebords, la capote en serge noire,
la soutanelle, les chaussures que portaient les paysans :
La Salle lui-même revêtit cet habit.

d'affirmer que, pour eux, leur métier de maîtres est une vocation originale : les « Frères des Écoles chrétiennes » sont nés ! Ce sont donc ces premiers Frères qui se réunissent longuement — dix-huit jours ! — à Reims en 1686.

Ensemble, ils s'accordent sur quelques moyens à même de renforcer leur cohésion et leur stabilité : adapter le coutumier, fruit de leurs expériences récentes, mais aussi prononcer des vœux spécifiques, transformerait leur groupe en une communauté solide, lui conférerait une identité collective nouvelle et crédible pour les pouvoirs religieux et civil.

Chose étonnante, cette fois ce sont les maîtres qui prennent les devants. La Salle a visiblement changé d'attitude : il institue et favorise le débat, il se tait, écoute, laisse les Frères s'exprimer, et, quand une conclusion se dégage, ce n'est plus son seul avis mais bien l'ensemble des suffrages qui est déterminant. Là encore, La Salle rompt avec les habitudes : l'absolutisme clérical, renforcé par celui de l'État, ne se prêtait nullement au dialogue, encore moins à la confrontation, surtout quand il s'agissait de gens du petit peuple. Cette attitude relevait du défi, surtout pour un homme aussi respectueux de la hiérarchie que La Salle. Mais c'est peut-être parce qu'il était ainsi marqué qu'il cherchera toute sa vie à exorciser, pour lui-même et pour ses Frères, le penchant qui poussait alors tout supérieur à régenter ses inférieurs sur le mode d'une obéissance aveugle. Cette obéissance tendait non seulement à effacer la relation humaine au profit de la seule relation d'autorité, mais encore à condamner, comme contraire à l'obéissance religieuse, l'usage de la raison, du jugement propre et de la réflexion [13]. Dérive très fréquente alors, qu'appuyait en outre une interprétation très littérale du *perinde ac cadaver* des Jésuites.

Dans cet environnement souvent contraignant, La Salle, en partie conscient de l'ambivalence de son propos, ne cessera, dès 1686 et jusqu'à la fin de sa vie, de présenter l'obéissance comme un chemin privilégié de discernement des voies de la Providence. Lors de cette première grande assemblée, en accord avec les Frères qui le lui demandent, il prônera donc l'obéissance, comme un moyen de cohésion et de stabilité ; mais cette obéissance est nuancée par la concertation, le respect de l'autre, l'affection (chez cet homme pourtant rigoriste, le mot reviendra souvent), le souci de partager certaines de ses prérogatives ; courtoisie, modération, à-propos, discernement resteront, sa vie durant, des atouts maîtres dans cette difficile dialectique de l'autorité et de l'obéissance. Ce qui ne sera pas toujours le cas chez les Frères directeurs. En effet, le lien communautaire voulu et vécu dans le vœu d'obéissance allait souvent devenir entre leurs mains malhabiles un ciment rigide et dur, qui ne pouvait qu'amener fissures et éclatements.

Mais, pour l'heure, l'impulsion décisive était donnée ; au terme de leur assemblée, en la fête de la Sainte-Trinité, les principaux Frères faisaient vœu annuel d'obéissance ; le lendemain, une marche au sanctuaire de Liesse inaugurait dans l'enthousiasme leur vie consacrée. Même généreux, un vœu de cette nature ne suffisait évidemment pas à établir un statut humain et social original, susceptible de remplacer « l'état flottant » (M.,55) dans lequel se trouvait la profession, si décriée à l'époque, de maîtres à tout faire.

Une fois affirmée la primauté du spirituel, La Salle, de concert avec les intéressés, ne tarde pas à dégager quelques lignes d'action essentielles ; même si, en l'occurrence, la compilation est fréquente. La Salle fait de ces innovations une synthèse efficace, et en tire une méthode originale qui, soumise à une réflexion constante, deviendra, au fil des ans, un véritable modèle. Les relations de La Salle avec Roland, son travail de mise en route avec Nyel, ses implications dans les écoles des Sœurs du Saint-Enfant Jésus, ses premières années de vie partagée avec les Frères, l'avaient éclairé sur certaines conditions indispensables au succès de ce qui devenait son œuvre. Les décisions ultérieures allaient être prises, semble-t-il, sans hésitation : pour lui comme pour les Frères, elles devenaient évidentes.

Vers une « *conduite des écoles* »

La Salle décide donc que ses maîtres seront libérés des multiples services traditionnels des paroisses (chantres, sacristains), l'enseignement étant leur unique tâche ; qu'ils n'assumeront aucune cléricature. Il est en effet persuadé que tout autre engagement les détournerait de leur vocation essentielle ; qu'ils feront de l'école, et non de l'église, le lieu unique de leur apostolat, même pour l'enseignement du cathéchisme ; enfin, que les Frères n'auront d'autres supérieurs que ceux issus de leur rang :

> « Il leur représentera qu'il se trouvait parmi eux plusiers sujets très capables de se charger du gouvernement... et, avant de quitter Reims (pour Paris, 1688), il s'appliqua à pourvoir sa communauté de bons sujets et à la mettre en état de se passer de sa présence. »

Le Frère Henry L'Heureux est d'ailleurs élu supérieur ; il en exercera brièvement les fonctions jusqu'au moment où la hiérarchie (cléricale) trouvera

> « mauvais qu'un prêtre, un docteur et un ancien chanoine se soumît sans exception à un simple Frère qui n'était revêtu d'aucun caractère » (M.,78).

Pour La Salle, l'obéissance n'est pas à sens unique : il doit donc céder provisoirement, le temps de trouver un moyen de contourner l'obstacle.

Par ces premières dispositions institutionnelles, s'opérait un glissement vers une laïcisation chrétienne de l'enseignement et de l'éducation ; ce qui était jusque-là réservé à des clercs et placé sous leur contrôle, allait devenir un métier pratiqué de façon exclusive par des Frères laïcs, dégagé (en partie) de la tutelle cléricale. Les principes en étaient posés, un début de réalisation leur donnait un contenu conforme ; mais d'âpres conflits allaient ensuite obliger La Salle et ses Frères à mieux les cerner, afin d'imposer leur profonde originalité.

Dès cette époque, chez La Salle et les premiers Frères, deux courants se font jour. Ils vont ensuite constamment se mêler : l'un recherche avant tout l'union avec Dieu, favorisée par une formation rigoureuse, proche de l'initiation. Conférences, retraites, puis noviciat (1687) en seront les moments privilégiés ; une vie d'ascèse doit aider La Salle et ses Frères à demeurer dans leur condition de pauvres, à mener en communauté une vie étonnamment régulière, dans une obéissance étroitement religieuse. L'autre courant met davantage l'accent sur la pédagogie : pragmatiques, les réalisations doivent apporter une réponse éducative aux nouveaux problèmes posés par l'évolution de la société urbaine. Cette évolution impose à La Salle de prendre en compte, avec réalisme, les nouvelles données économiques et culturelles de la vie sociale. C'est surtout dans la période parisienne que s'affineront les principes essentiels d'une telle « Conduite des écoles ».

Ces deux courants — spirituel et professionnel — n'avaient rien de contradictoire ; d'autres contemporains — Ignace de Loyola, Vincent de Paul — les avaient déjà illustrés. Par un même mouvement de foi, La Salle s'inscrit dans cette lignée, avec des maîtres qu'il entraîne dans l'aventure chrétienne de l'éducation des enfants du peuple. Son originalité sera d'unir les deux courants, en faisant progresser la pédagogie populaire à la lumière de la vie spirituelle.

Rue Princesse : un étage de cette maison abritait l'école populaire de Saint-Sulpice, où les écoliers cohabitaient avec divers locataires.

3. La période parisienne
(1688-1714)

La montée à Paris

C'est pour des raisons très diverses que La Salle accepte la responsabilité d'une école populaire à Paris : il le fait d'abord par amitié pour les prêtres de Saint-Sulpice, à qui il doit beaucoup. Il veut aussi donner à son œuvre une portée plus vaste et l'insérer dans un mouvement religieux dynamique. Enfin, il tient à donner aux Frères rémois une autonomie réelle. Dans ce but,

> « avant de quitter sa communauté, il prit le temps nécessaire pour la pourvoir de bons sujets et les mettre en état de se passer de sa présence. Il s'en présenta un grand nombre » (M.,79).

Leur jeunesse (14-18 ans) amène La Salle à les rassembler pour leur donner une formation, sous la direction « d'un des Frères les plus anciens et

POINTS DE REPÈRE

Les famines

Après 1680, de nombreuses famines et périodes de disette vont affecter les élèves et les Frères eux-mêmes.

« Les famines... deviennent une structure de (la) vie quotidienne » des pauvres. En cas de disette pas d'autre solution que de refluer vers la ville, de s'y entasser vaille que vaille, de mendier dans les rues, souvent d'y mourir sur les places publiques.

« Les trois décennies de 1690 à 1720 comptent parmi les plus dures et sont peut-être les plus dures que les paysans d'Europe occidentale aient connues depuis l'an mille jusqu'à nos jours. C'est ce que certains historiens ont baptisé le "petit âge glaciaire". »

Les années 1692, 1693, 1694, 1695, 1696, 1704, 1705, 1706, 1707, 1708, 1709, 1710, 1714, 1717 connaissent des disettes localisées, sectorielles [14].

On en retrouve des échos chez les biographes de La Salle :
— « Il arriva une famine qui réduit la communauté des Frères dans une extrême pauvreté » (1695).
— « Grand hyver » et famine de 1710. La famine oblige La Salle et tous les Frères à quitter Rouen pour Paris.
— 1684 : « La stérilité fut si grande que tout le peuple du royaume se trouva réduit à la dernière misère » (M.,67).

1688   Le roi est encore pour quelques années Louis le Grand. Uni à Mme de Maintenon, il travaille à l'unité de la croyance, rétablissant ordre et religion (unique).
Les grands génies du siècle ne sont plus.
Des libertins commencent à se manifester.
Les querelles religieuses (quiétisme, jansénisme,

des plus expérimentés » (1687). Ce « petit noviciat » complète le séminaire de maîtres laïcs pour la campagne [15] (instauré à la même époque) où les Frères reçoivent des adultes proposés par les curés des petites paroisses paysannes de Champagne ; ils y sont

    « formés et instruits des véritables maximes de pédagogie chrétienne... pour aller instruire et élever la jeunesse dans les dits bourgs et villages... et autres terres ».

Malgré cette formation pédagogique, les maîtres de campagne ne font pas partie de la communauté des Frères. Ceux-ci, en effet, n'enseignent qu'en ville, n'exercent jamais seuls et, surtout, n'assument pas d'autres fonctions. Les maîtres de campagne, eux, sont au service de la paroisse, qui leur confie de multiples travaux.

Recrutement de maîtres compétents, ouverture d'un noviciat, création d'un séminaire pour les maîtres laïcs : ces trois tâches accomplies, La Salle quitte Reims. Pour toujours, sans le savoir. A Paris, il va retrouver une paroisse connue et aimée, Saint-Sulpice, où l'attend l'école populaire que le curé lui demande de reprendre.

Le Mémoire sur l'Habit

La Salle n'est certainement pas insensible à cet héritage, car c'est la dernière des sept écoles créées par M. Olier ; or, elle périclite dangereusement ; située rue Princesse, c'est à la fois une école de charité et une sorte d'atelier de fabrique ; on y compte

> « 200 écoliers bruyants, inattentifs et frondeurs, avec le concours d'un sous-maître de 15 ans et d'un bonnetier qui enseignait le tricot [16] ».

Ce, sous la houlette d'un prêtre, M. Compagnon. La Salle, avec deux Frères, remet de l'ordre dans la demeure ; la production de l'atelier s'affaiblissant au profit de l'instruction, il est vite accusé d'apporter plus de mal que de bien car

> « la personne qui avait inspection sur la manufacture et qui y avait son intérêt ne trouvait pas son compte à tous ces changements. Les écoliers qu'on occupait plus qu'auparavant à lire et à écrire ne pouvaient plus donner tant de temps au travail. Il ne supporta pas la perte qu'il y faisait » (M.,87).

Discussions houleuses, entrevues de conciliation, enquête aboutissent à l'éviction de M. Compagnon.

Simultanément, le curé procéde à l'ouverture d'une seconde école confiée aux Frères, rue du Bac. Son succès va donner lieu à une première escarmouche avec les « maîtres écrivains », inaugurant une lutte de près de trente années qui permettra à La Salle de conforter deux principes fondamentaux de son œuvre : la gratuité de ses écoles et l'autonomie de la communauté par rapport à ses bienfaiteurs, fussent-ils curés de paroisse. Car les épreuves les plus dures viendront de ses plus proches amis, les prêtres de Saint-Sulpice. Le refus de leur autoritarisme clérical va entraîner de grandes difficultés pour La Salle, mettant souvent en conflit son sens évangélique et l'amicale admiration qu'il éprouve pour eux.

Dès ses premières années parisiennes, et presque jusqu'à sa mort, La Salle sera également en butte aux tracas des « Maîtres écrivains », opposants particulièrement virulents ; des « mercenaires », comme dit dédaigneusement Blain, dont les classes étaient privées et payantes et qui faisaient de l'enseignement leur gagne-pain. Ils se sentent menacés par les écoles gratuites des Frères. Déjà, les Jésuites leur avaient enlevé la clientèle riche ; les initiatives charitables risquent maintenant de les déposséder des moins fortunés !

La corporation présente ses exigences : les

enfants pauvres fréquentant les écoles gratuites devront se munir d'un billet d'indigence signé par le curé de la paroisse. La formalité semble logique ; en fait, elle impose aux familles une démarche que La Salle juge humiliante ; elle opère aussi un tri inadmissible parmi les pauvres. Tri préjudiciable aux plus démunis d'entre eux, et notamment à ces « pauvres honteux » qui n'oseront jamais solliciter ce traitement d'exception. Enfin, et ce n'est pas le moindre danger, cette formalité soumet la gratuité à l'arbitrage tout-puissant du curé, ce qui peut être fatal à la liberté des écoles : les Frères ne doivent en aucune manière devenir « des ouvriers paroissiaux aux ordres et pour ainsi dire à la solde du curé [17] ».

En 1690, le conflit avec les maîtres écrivains est porté en justice, à l'avantage de La Salle. Le problème ne sera cependant pas résolu de sitôt. Le procès avec les maîtres écrivains gagné, une autre affaire vient gâter les relations amicales et spirituelles que La Salle entretient avec le curé de Saint-Sulpice. Ce dernier, M. Baudrand, un homme généreux par ailleurs, considère que les Frères relèvent de son autorité. Il leur intime donc l'ordre de quitter leur habit pour endosser la soutane ecclésiastique. Ce problème pourrait n'être qu'anecdotique ; il a, en fait, une grande importance symbolique, car l'habit des Frères a un sens et une fonction : il établit certes une distinction entre laïcs et clercs, mais il affirme aussi une identité individuelle et collective encore très fragile. Dans son contexte historique, cet habit souligne une appartenance et renforce une défense. On ne peut donc s'étonner que sa modification autoritairement décidée par le curé de Saint-Sulpice ait donné lieu à une étonnante réplique de La Salle, connue sous le nom de *Mémoire sur l'Habit* (1689-1690).

Ce Mémoire, outre qu'il aide à comprendre une situation significative, révèle aussi l'expérience personnelle de La Salle à l'intérieur d'une communauté à laquelle il est intimement lié. Dans un style de légiste, La Salle y précise pour la première fois l'identité de la fondation :

> « Cette communauté se nomme ordinairement la Communauté des Écoles chrétiennes et n'est présentement établie ni fondée que sur la Providence. On y vit avec règles, avec dépendance pour toutes choses, sans aucune propriété et dans une entière uniformité » (B.,1,299-300).

Comme le souligne M. Campos : aux yeux de La Salle, le statut spécifique de cette communauté est d'être fondée et établie sur la Providence ; c'est Dieu qui a conduit toutes choses et les a dirigées. C'est Lui qui aujourd'hui l'unifie et pourvoit à ses besoins [18]. Si La Salle et ses Frères ont choisi d'être pauvres parmi les pauvres, c'est pour mieux assumer leur mission : évangéliser les laissés-pour-compte, qui se trouvent « loin du salut » (on trouve dans ces mots la traduction théologique, par les chrétiens du XVIIᵉ siècle, de l'abandon moral immérité où se trouvent les pauvres). Dans ce premier alinéa du *Mémoire,* le rappel de la vie réglementée se réfère probablement au coutumier mis en forme à Reims, première esquisse des Règles futures :

> « Il nous signale (surtout) que la communauté est le lieu où se rencontrent des hommes de foi, sans propriétés, sans sécurité, dépendant en toutes choses et dans une totale uniformité entre eux, s'éduquant mutuellement à vivre en partageant la mission du Seigneur [19]. »

En second lieu, La Salle précise la mission spécifique des Frères :

> « On s'emploie dans cette communauté à tenir des écoles gratuitement, dans les villes seulement, et à faire le catéchisme tous les jours même les dimanches et fêtes. »

Les Frères ne sont donc pas salariés, comme le procès récemment gagné l'a souligné ; ce sont des hommes qui s'engagent à tenir des écoles, gratuitement, pour conduire les élèves à la foi ; engagement qui se veut définitif car, à leurs yeux le nombre des enfants et leur inculture demandent une réelle stabilité. Dans ces conditions, devenir maître est plus qu'un métier, c'est une vocation.

> « Ceux qui composent cette communauté sont tous laïcs, sans études (cléricales) et d'un esprit au plus médiocre. »

Ces Frères laïcs, qui « n'ont pas d'ambition et qui ont renoncé à la prétention de se faire un nom dans le monde ou dans l'Église », consacreront leur vie à la recherche de Dieu à travers un travail concret, pour lequel ils devront développer leurs connaissances. Aux yeux de La Salle, prière et travail ne sont pas deux réalités parallèles ou dissociables. Vision nouvelle pour des laïcs, ce sont les deux faces d'un même don à Dieu. On comprend mieux alors son intransigeance sur cette question de l'habit, symbole d'une institution originale et de sa continuité.

Le *Mémoire sur l'Habit* marque donc pour La Salle la fin des hésitations, le choix définitif : après plus de dix ans d'engagements et de recherches, c'est un acte de naissance solennel.

Un vœu héroïque (1691)

Deux obstacles sont provisoirement franchis : la vindicte des maîtres écrivains, l'autoritarisme du curé de Saint-Sulpice. L'affrontement a douloureusement affecté nombre de Frères et mis à jour une crise latente. Les Frères s'essoufflent ; beaucoup sont épuisés ; La Salle lui-même est malade, tandis que meurt le successeur qu'il se préparait, le Frère Henri L'Heureux.

La communauté mère, celle de Reims, périclite : plus de la moitié des Frères sont partis découragés par les maladresses d'un directeur trop dur, et le moral des autres est au plus bas. 1689-1690 : nouvelle crise, après celle de 1682. La Salle y fait face ; d'abord, par le repos et le grand air. En pleine période scolaire, il convoque tous les Frères, ceux de Reims et de Paris, dans la grande maison de Vaugirard, « village aux portes de Paris », qu'il vient d'acquérir. Il les fait remplacer dans les écoles par des maîtres formés au séminaire de Reims. Cette détente assurée, il organise une retraite, afin de redonner un sens à cette vie que bien des Frères subissent sans vraiment l'assumer, jusqu'à l'abandon final. Malgré la routine de leurs tâches et les difficultés de la vie matérielle, il lui faut susciter l'enthousiasme, et rendre les Frères conscients de leurs forces réelles. La Salle sait faire naître ces moments lumineux où la conscience claire et sereine d'une vocation succède au découragement. Il aide les Frères à découvrir la richesse de leur vie et à en faire le don. Revalorisés à leurs propres yeux, les Frères reprennent

Signature de La Salle. Il s'engage, avec Gabriel Drolin et Nicolas Vuyart (« vœu héroïque » du 21 novembre 1691), à établir la « société des écoles chrétiennes ».

confiance. Certains d'entre eux vont même aller plus loin : le 21 novembre 1691, avec La Salle, deux Frères, Gabriel Drolin et Nicolas Vuyart, manifestent de façon solennelle leur solidarité totale, fondée en Dieu, au service d'une même mission. La très belle formule de leur

« vœu perpétuel d'association et d'union pour procurer et maintenir l'établissement de la Société des Écoles chrétiennes [20] »

concrétise à jamais leur « folle » promesse ; aux périodes de crises ou de mutations, elle constitue certainement un point de repère essentiel pour leurs successeurs :

« Très Sainte Trinité, Père, Fils et Saint-Esprit, prosternés dans un très profond respect devant votre infinie et adorable majesté... nous, dès à présent et pour toujours jusqu'au dernier vivant ou jusqu'à l'entière consommation de l'établissement de la dite société, faisons vœu d'association et d'union pour procurer et maintenir le dit établissement, sans nous en pouvoir départir, quand même nous ne resterions que trois dans la dite société, et que nous serions obligés de demander l'aumône et de vivre de pain seulement. En foi de quoi nous nous promettons de faire, unanimement et d'un commun consentement, tout ce que nous croirons en conscience et sans aucune considération humaine être pour le plus grand bien de la société. »

La formule est de La Salle. Son vœu et celui des deux frères répondent à un besoin essentiel : s'unir, en unissant les hommes. En présence de toute la communauté, ils donnent un caractère sacré à cette union, par laquelle La Salle accepte de dépendre désormais de ses Frères. Ce vœu est d'autant plus héroïque qu'ils savent réellement ce que signifie vivre en mendiant et ne manger que du pain !

La Salle et ses deux compagnons sont bientôt suivis : trois ans plus tard, en 1694,

> « douze principaux Frères feront vœu perpétuel d'obéissance, d'association et de stabilité dans la Société des Frères des Écoles chrétiennes [21] »,

soulignant une fois de plus que c'est ensemble, en communauté, qu'ils vont travailler au « salut des pauvres ». On voit comment, au fil des ans, des choix se sont peu à peu imposés ; les maîtres, isolés et sans statut, se sont retrouvés autour de La Salle ; les longues années de la période champenoise les ont regroupés en une communauté soudée par le vœu d'obéissance ; avec les vœux de 1691 et de 1694, ce sont désormais des Frères qui s'associent pour « tenir les écoles gratuites ». D'une obéissance parfois proche de la passivité, ils sont peu à peu passés à une solidarité active, dans laquelle chacun engage toute sa personnalité. Cette forme de vœu les rend plus proches des associations créées à l'époque par les Filles de la Charité, les Lazaristes, les Pères des Missions Étrangères, que des congrégations religieuses d'aujourd'hui. Les vœux ne sont pas obligatoires, mais tous les Frères sont solidaires du geste de ceux qui les prononcent. Ce geste les engage tous : désormais, en se regardant, ils voient le pauvre, visage du Christ, appelé au salut.

Malgré la détermination exprimée par ces vœux, l'itinéraire de la communauté sera jalonné de tensions et de conflits. Car, avec leur idéal de solidarité et la logique qui en découle, La Salle et ses Frères travaillent à contre-courant d'un ordre social figé, presque sacré. Les institutions les mieux établies vont donc se liguer contre eux.

Les Frères reprennent donc confiance et retournent à leur travail. Dans le même temps, La Salle

> « donna sa principale attention à conduire son noviciat de Vaugirard » (M.,17) (qu'il venait d'ouvrir ; il y) « donna l'habit à cinq jeunes gens qui lui parurent bien appelés à cet état (de Frères) » (M.,95) ; « il examinait lui-même les novices, les instruisait de leurs obligations essentielles » (*ibid.*,107)...

étant entendu, selon sa belle formule, qu'ils ne devraient établir aucune différence entre les affaires de leur salut et celles de leur état. La recommandation n'était pas inutile en un temps où la dévotion officielle, très influencée par une théologie « providentialiste », dissociait totalement la vie profane de la vie spirituelle.

A y regarder de plus près, la séduction que la présence de La Salle opérait sur les jeunes en formation, comme sur les Frères découragés ou en recherche, ne provenait pas seulement des temps forts qu'il instituait, car ils étaient en fait traditionnels (noviciat, retraites, séminaires). Son rayonnement venait à la fois de sa parfaite courtoisie et de son intuition profonde — remarquable pour son temps et sa condition sociale — de ce qui allait devenir l'éducation chrétienne populaire.

C'est en 1694, date de ces derniers vœux, que les Règles paraissent fixées pour la première fois. Elles sont élaborées dans la plus grande concertation.

> « Il assembla les Frères des deux communautés de Paris et de Vaugirard, leur enjoignit d'y faire leurs réflexions, et de lui dire ce qu'ils y trouveraient à retrancher ou à ajouter » (M.,105-106).
>
> (Cherchant à élargir la concertation, La Salle voulut avoir également l'approbation de ceux qui étaient en province) « car il ne voulait en admettre aucune (règle) que d'un consentement unanime » (M.,106-107).

Au lendemain de leurs vœux, les frères procèdent également à l'élection de leur « Frère supérieur général ». Malgré les objurgations de La Salle, l'unanimité se fait sur son nom. L'élection est assortie d'une décision collective : le supérieur devra toujours émaner de leurs rangs.

Outre les Règles communes, des travaux collectifs sont mis en chantier ou achevés : fascicules de *Prières pour la Sainte Messe*, de *Conduite de formation des jeunes maîtres* ; mise au point du *Syllabaire français* qui paraîtra vers 1697.

La société des Frères prend un nouvel élan.

Les enfants pauvres

Jusqu'à présent, La Salle s'est consacré aux enfants pauvres à travers ses écoles, et elles seules. Or, depuis ses conflits avec les curés de Saint-Sulpice (Baudrand, puis, en 1696, La Chétardye), ceux-ci ne protègent plus ses œuvres et elles sont devenues vulnérables. Les maîtres écrivains, alliés pour la circonstance à ceux des petites écoles, en profitent pour redoubler leurs attaques.

Les pauvres de la ville n'ont évidemment pas le même visage, selon qu'ils sont évoqués par les maîtres écrivains, par un biographe comme Blain ou par La Salle lui-même, dans ses brèves annotations. La confrontation de ces différents points de vue, enrichie par l'apport de données plus récentes sur la vie sociale de cette époque [22], permet cependant d'esquisser un portrait de l'enfant pauvre, personnage central de toute la vie de La Salle.

Paradoxalement, il faut d'abord dire que cet enfant n'a pratiquement pas d'existence propre, dans une société qui n'accorde d'importance qu'à l'adulte. Certes, les écrits et les tableaux de l'époque font une petite place au nourrisson, mais l'enfant et l'adolescent, eux, ne sont pour les contemporains de La Salle que des adultes en miniature. Ils se situent dans le même monde picaresque que les soldats, les valets et, d'une manière générale, les gueux [23]. C'est encore plus vrai lorsqu'il s'agit des enfants du peuple. On comprend alors les remarques durement moralisatrices de Blain, sur

> « les maux qu'un enfant a à craindre dans son âge... l'ignorance, la fainéantise, la mauvaise éducation, le libertinage... Tant que leurs mains ne sont pas assez fortes pour le travail, ils apprennent (de leurs parents) ce qu'ils savent, à jurer, à médire, à dire des injures, à souiller leur langue et leurs oreilles de chansons et de discours obscènes, à jouer, à aimer la crapule, la bonne chère, à hanter la mauvaise compagnie... » (B.,1,44-45).

Un écho semblable arrive de Marseille en 1704. Le tableau est probablement adouci pour ne pas rebuter les Frères, à qui l'on demande de s'occuper des enfants du port :

> « ... depuis l'âge de quatre jusqu'à huit, neuf ans (les enfants sont une) quantité qu'on voit tous les jours le long du quai et sur d'autres rives de la mer... les petites malices qu'ils exercent tous les jours dans la ville... embarrassent fort leurs parents... »

Les parents de ces enfants ont des statuts divers. Si l'on en croit le répertoire diffamatoire des maîtres écrivains, on recense dans les écoles de Frères (de Paris) des enfants de

> « maîtres chirurgiens, charron, serrurier ; (de) marchands de vin, épicier, orfèvre ; (de) traiteurs ; (d') un homme vivant de son bien, (d') un autre possédant deux maisons, (bref) de gens tous aisés ».

Les vingt classes bondées des écoles de Saint-

Sulpice, de la rue de Charonne et du Faubourg Saint-Marcel comptent effectivement quelques parents bien pourvus. Mais l'immense majorité est bien celle que décrit Blain ; ce sont des fils d'artisans, de tailleurs, de cordonniers, de portefaix, de compagnons tanneurs, de nécessiteux sans emploi fixe ; ce sont aussi des enfants de « pauvres honteux », abandonnés au gré de la famine et de la misère ; on les enferme parfois selon la méthode instaurée par Colbert, dans les hôpitaux généraux ou dans des institutions pour enfants trouvés, comme à Saint-Antoine, où va s'ouvrir une école. La liste des écoliers des Frères est impressionnante,

> « fils de soldats, crocheteurs, brouettiers et de gens de la plus vile populace, des enfants des plus misérables et des plus dégoûtants, enfants si grossiers et comme noyés dans la chair et le sang, légers, volages par caractère, des fils de matelots » (Calais, Rouen, Marseille, Boulogne) et même des « séditieux » (Rouen).

A Paris, où se trouve alors le Fondateur, les écoliers travaillent déjà dans des manufactures. La plupart sont donc des enfants-adultes, fort précoces, terriblement marqués par la ville, la promiscuité et la nécessité impérieuse de survivre. Ce tableau, si noir soit-il, semble, d'après les historiens modernes [24], correspondre assez nettement à l'état dans lequel les conditions de travail mettaient les enfants des gagne-deniers de l'époque.

Les disettes, les maladies, les guerres, la démographie galopante créaient dans la ville et la banlieue proche tout un monde aux limites de la misère ; le travail, quand il y en avait, ne connaissait aucune limite. A Rouen où les Frères vont ouvrir une école (1705), la journée est de quinze heures pour les toiliers, les passementiers, les drapiers et les teinturiers ; à Troyes, on travaille seize heures par jour ; la tuberculose fait des ravages.

> « Les enfants de cette classe d'hommes nés de pères débiles viennent au monde la plupart malsains et rachitiques... le labeur si dur et si malsain épuisait le corps et tuait les âmes... (enfin) les abus de l'apprentissage sont criants [25]. »

Quelques rares tableaux évoquent ces conditions de travail : le *Souffleur à la lampe* de La Tour, la *Scène d'intérieur* de Bourdon. Mais des images du XXᵉ siècle, comme celles des favellas de Rio, des bidonvilles de Bombay ou du Caire peuvent aussi nous aider à comprendre cette réalité du XVIIᵉ. Pour ces enfants, c'est en effet l'entassement, une promiscuité dont souffriront aussi La Salle et ses Frères : à plusieurs reprises, ils devront changer de maison par manque d'air ! Vie à la fois brutale et chaleureuse qui n'exclut pas une forme de bonheur convivial, désordonné mais équilibré [26]. On vit à l'étroit dans le bruit, les cris, les odeurs. Mais la vie bohème de ces enfants, pour qui la rue est une école de plein vent, ne fait pas forcément naître que le vice ou le désespoir ; elle reste souvent plaisir de vivre et de respirer, ce qui explique en partie l'absentéisme scolaire, contre lequel les Frères réagiront souvent [27]. Les enfants s'accommodent à leur façon des drames de la pauvreté qui, certaines années pourtant, confinent à la misère et à la famine. Les rires éclatent ; ils ne geignent pas, ils vivent. Ils s'aiment, se trompent, se disputent, comme leurs parents. Ils débordent de générosité et de vitalité. Mercier, un chroniqueur de l'époque, en témoigne :

> « Les enfants de Paris sont jolis jusqu'à l'âge de 7 à 8 ans. Comme ils sont élevés au milieu d'une foule nombreuse d'individus, ils contractent de bonne heure un air d'aisance ; ils n'ont pas l'air niais ; ils ne sont ni trop étonnés des usages de la vie ni des tracas des villes ; un petit air d'assurance dit qu'ils sont nés dans la capitale et déjà façonnés à son grand mouvement...
>
> C'est bien là la revanche de la promiscuité, on y apprend vite [28]. »

Cette vie multiforme mêle les joies bruyantes et les malheurs brutaux, le travail écrasant et les fêtes débridées. Le Benedicite familial précède les excès de l'ivresse ; la spontanéité de l'entraide efface la violence des querelles.

Comme ses Frères, La Salle fera sien cet univers. Mais il le fait par choix, avec une volonté et une constance que n'entament pas ses nécessaires « évasions » : les retraites spirituelles, les indispensables relations avec les autorités, les démarches pour trouver des lieux d'hébergement plus adaptés, l'éloignent parfois de ce monde éprouvant. Ces brèves ruptures l'aident à retrouver un équilibre parfois menacé par le manque de silence, le désordre, l'instabilité de cette vie : cet homme d'une autre culture éprouve toujours l'impérieux besoin d'un ordre rationnel, comme en témoigne *La Conduite des Écoles* (1704-1706) [29].

Vivant son engagement comme une simple réponse à un appel divin, il sait trouver pour ces délaissés les mots qui touchent. Et, quand il parle d'eux, son langage est révélateur, surtout lorsqu'on le compare à celui de ses contemporains. Les pages du *Vocabulaire lasallien* [30] consacrées aux mots « pauvre et enfant » montrent son respect, son indulgence, son refus de tout jugement de valeur. Ces enfants sont, pour lui, « des orphelins pauvres et abandonnés », « des enfants nés pauvres », « dans une extrême nécessité » ou « dans une nécessité un peu considérable », « qui manquent de nourriture », qui « n'ont pas de quoi faire un repas raisonnable », si bien qu'il « arrive souvent que les écoliers n'ont pas de force ». Pauvres enfants donc avec qui il se trouve « tous les jours », qui vivent « une oppression » que La Salle considère comme un péché qui « crie vengeance ». Mais, en même temps, à la manière de son époque, il semble voir dans la pauvreté une volonté de Dieu : « On aime ceux que Dieu a fait pauvres », dit-il. Sous sa plume, les notations négatives s'apparentent plus à un constat qu'à une accusation : « Enfants pauvres et sans éducation », « pauvres enfants qui crient haut », « accoutumés à mener une vie fainéante », « ordinairement peu constants », « sorte de pauvres qui ne font que ce qu'ils veulent », « peu touchés par les choses de leur salut »... Parfois, les Frères ont « des écoliers méchants, libertins et déréglés » ; mais ce n'est pas une raison pour les frapper (ce que La Salle interdit, alors que les mœurs de l'époque sont d'une brutalité étonnante), ni même pour « chasser un écolier de l'école ». Bien plus, il demande que l'on n'use jamais à leur égard « de paroles injurieuses tant soit peu malséantes, les appelant par exemple fripon, coquin, teigneux, pouilleux, morveux ». Ces qualificatifs révèlent bien les maux physiques dont souffrent fréquemment ces enfants. La cohabitation avec eux n'est donc pas toujours facile. Mais, là encore, La Salle est aidé par sa foi : comme tous ceux de son époque, il accorde à l'Enfant Jésus une place priviligiée. Et ces petits pauvres en haillons prennent pour lui le visage du Christ. On est bien loin du riche « Enfant de Prague » vénéré en Europe !

> « Je vous vois dans la dernière indigence... vous le Fils de Dieu (qui) s'est fait enfant, un enfant pauvre et humilié... qui s'est fait gloire d'être pauvre pendant toute sa vie... Reconnaissez donc Jésus sous les pauvres haillons des enfants [31]. »

Ainsi, ils confirment sa vocation : c'est bien, parmi eux, que le Christ lui demande d'accomplir sa mission.

L'affrontement

Peu à peu, ces enfants deviennent l'enjeu d'affrontements violents. Soucieux de préserver son hégémonie, le clergé cherche en effet à se les approprier. Il voit en eux le moyen de maintenir les familles sous son autorité morale, et de les forcer à une pratique religieuse. Selon la théologie du temps, les prêtres ne sont-ils pas les tuteurs de ces jeunes qui, faute de se rassembler à l'église, le font à l'école ou dans la rue ? Le clergé a certes délégué une partie de ses pouvoirs aux Frères, mais il pensait avoir en La Salle un allié. Or, La Salle a « trahi », en privant les ateliers de fabrique du travail des enfants, en refusant l'habit clérical pour ses Frères, en renforçant enfin leur autonomie. Baudrand avait réagi en refusant de les aider financièrement ; La Chétardye, qui lui avait succédé en 1696, procédait plus finement : laissant monter la tension entre les Frères et les maîtres écrivains, il avait peu à peu habitué certains disciples de La Salle à l'idée d'écoles paroissiales dépendantes du seul curé. En même temps, il abandonnait leurs autres écoles parisiennes à la vindicte de maîtres écrivains bien rodés aux procédures judiciaires. Et ceux-ci entament en 1696 une suite ininterrompue de procès contre La Salle ; poursuites judiciaires, arrêts du tribunal, appels en justice, pillages des locaux comme ceux de la paroisse Saint-Placide (1698) et saisie d'huissiers (1704), comme à l'école de la rue de Charonne :

> « Les gens de police entassent sur des charrettes les bancs, les tables, les cahiers et les livres, arrachent l'enseigne de la maison, une planche portant simplement ces mots : Les Frères des Écoles chrétiennes [32]. »

En 1699, les attaques cessent provisoirement, car les maîtres écrivains se sont trompés de cible en mettant à sac l'école de la rue Princesse, dépendante de Saint-Sulpice : Mme de Maintenon en personne intervient en faveur des écoles charitables de M. de La Chétardye. Un bref répit s'ensuit, mais la lutte reprend de plus belle pour atteindre son point culminant dans les années 1705-1706, marquées par un nouveau pillage des écoles et une condamnation provocatrice et diffamatoire :

> « Arrêt de la Cour du Parlement du 5 février 1706... Contre Maistre Jean-Baptiste de La Salle, prêtre, Docteur en Théologie, cy-devant Chanoine de la Cathédrale de Reims, soy-disant supérieur des prétendus Frères des Écoles chrétiennes... Interdiction (est) faite à de La Salle et tous autres de tenir aucune petite école pour l'instruction de la jeunesse dans l'étendue

81

> de cette ville, faubourg et banlieue de Paris sans en
> avoir obtenu l'autorisation du Chantre de Paris, avec
> assignation d'un quartier. »

Aucune parade n'étant possible, en juillet 1706, les écoles de la rue Princesse, de la rue Saint-Placide et de la rue du Bac sont fermées. Mais les parents, voyant leurs enfants abandonnés, et les Frères remplacés par des maîtres incompétents, obligent bientôt leur curé à faire marche arrière en intervenant en faveur des écoles des Frères ; M. de La Chétardye est ainsi contraint de convoquer les représentants de la corporation des maîtres écrivains pour leur rappeler les limites de leurs pouvoirs. Pour se les concilier, tout en gardant la haute main sur les enfants, il propose alors de confier à un prêtre la tenue d'un registre des enfants admis dans les écoles dépendant de Saint-Sulpice ; par ailleurs, les Frères n'accepteront dans leurs établissements que les élèves en possession d'un billet attestant leur réelle pauvreté. La Salle n'a pas été consulté. Mais, pour lui, à ce moment, l'essentiel est que les Frères puissent continuer leur mission. Attitude d'autant plus réaliste que des Frères commencent à se ranger aux côtés du curé, et que de nouveaux et violents orages éclatent à Paris même.

Tout commence par une rumeur amplifiée par le curé de Saint-Sulpice. La rumeur atteint le cardinal de Noailles à l'archevêché de Paris. Il fait procéder à une enquête qui aboutit à la décision de « retirer La Salle de la conduite de sa communauté pour la confier à un autre. » (Ce qui est fait aussitôt et les Frères) « furent surpris de voir arriver un jeune prêtre lyonnais nommé Bricot que M. le Cardinal avait choisi pour leur Supérieur » (M.,142-143). (Les Frères s'y opposèrent, provoquant l'ire de M. le Cardinal qui) « trouva fort extraordinaire qu'une poignée de gens sans caractère reçussent si mal ses ordres » (M.,143).

On accuse La Salle de fomenter cette résistance. Mais il assure le Cardinal de sa soumission, et un compromis est établi : les Frères recevront le nouveau supérieur, mais le préposé n'innovera pas en matière de réglementations, il ne viendra qu'une fois par mois et laissera La Salle diriger les Frères. M. Bricot est alors solennellement intronisé (il en va de l'autorité du Cardinal !). Ceci fait, Bricot aura la sagesse de ne point revenir... Sans doute a-t-il perçu que le « grand crime » de La Salle est, comme l'écrit un témoin,

« de ne pas se conduire selon l'esprit de Monsieur le Curé de Saint-Sulpice ; il (celui-ci) voudrait entrer dans la régie et la conduite intérieure de ses Frères et c'est ce que jusqu'à présent M. de La Salle lui a refusé... S'il était d'accord avec Monsieur le Curé il aurait bon marché de l'archevêché [33] ».

Le pouvoir arbitraire des grands, clercs ou civils, avait donc repris ses droits ; la rupture avec le système établi était décidément trop forte pour le clergé jaloux de ses intérêts. La légitimité conquise par le savoir-faire pédagogique des

Frères s'accompagnait d'une fragilité nouvelle, et La Salle allait payer son indépendance d'esprit : les attaques contre sa personne et son enseignement se succèdent. S'associant aux rancunes jansénistes, les critiques s'en prennent aussi aux positions théologiques d'un homme qui, par son œuvre scolaire et ses ouvrages pédagogiques ou spirituels, devenait un témoin de son temps.

Mais La Salle refuse la polémique et continue son travail, lui donnant deux nouvelles orientations :

— l'élargissement de son œuvre par la multiplication des écoles de Frères à Paris et dans toute la France ; ce qui a pour avantage de les délivrer de l'arbitraire judiciaire et financier de « roitelets » cléricaux tels que M. de La Chétardye ;

— la mise en place d'innovations pédagogiques et structurelles codifiées dans des écrits spécialisés ; abondamment diffusés, ils confèrent à ses Frères une identité valorisante et les affermissent professionnellement et spirituellement.

L'expansion

Quelques dates suffiront à mettre en évidence l'intense activité déployée par La Salle durant cette période troublée.

— 1698, année de la mise à sac de l'école de la rue Saint-Placide ; ouverture d'une école à

Chartres et de la « Grand maison », près du séminaire des Carmes : il y reprend son expérience de formation de maîtres pour la campagne ; ceux-ci y sont initiés à l'art d'enseigner la lecture, l'écriture, le plain-chant, l'arithmétique, le catéchisme ; dans cette même maison, il reçoit pour les former, quarante jeunes proscrits irlandais exilés avec le roi catholique d'Angleterre, Jacques II, « papiste militant ».

— 1699, La Salle crée une école dominicale pour ce que nous appellerions aujourd'hui la formation permanente des jeunes travailleurs.

— 1700, ouverture d'une école à Calais, d'une autre au Faubourg Saint-Marcel (Paris).

— 1702, il ouvre une école à Avignon avec l'intention de se rapprocher de Rome et d'en obtenir l'approbation de sa société.

— 1703, il se libère de Saint-Sulpice et établit son noviciat au Faubourg Saint-Antoine ; ouverture d'écoles dans le quartier ; il se rend à Troyes pour y établir les Frères.

— 1704, une première école se crée à Marseille, pour les fils de matelots ; une autre à Darnetal (près de Rouen).

— 1705, nouvelles écoles à Dijon, Rouen, Rome ; le noviciat de Paris est transféré à Rouen.

— 1707, Mende, Alès.

— 1708, Grenoble.

— 1709, Saint-Denis près de Paris.

— 1711, Versailles — sous les yeux du roi —, Boulogne-sur-Mer, Moulins.

— 1712, il établit un noviciat à Marseille.

La multiplication des œuvres scolaires s'accompagne d'une activité débordante. Pourtant harcelé par d'incessantes mises en demeure, La Salle semble en pleine possession de ses moyens, malgré quelques problèmes de santé occasionnés par les nombreux déplacements nécessaires à l'établissement des écoles ; voyages harassants, le plus souvent à cheval, parfois à pied, dans des conditions difficiles : dénuement et promiscuité sont le lot des pauvres d'alors. Comme le remarque son biographe, ces déplacements incessants lui donneront avec les années « un teint particulièrement hâlé » !

Ses absences répétées ne nuisent apparemment pas à l'édition des livres qu'il publie à une cadence accélérée. « Approbation » ou « Privilège du roi pour l'impression... » attestent ces écrits :

— 1697 : *Exercices de piété à l'usage des Écoles chrétiennes*, et *Instructions et Prières pour la Sainte Messe*.

— 1698 (probablement) : le célèbre *Syllabaire français*.

— Vers 1700 : *Règle du Frère Directeur*.

— 1702 : *Instructions et prières pour la Confession et Communion* ; *Les Règles de la bienséance et de la civilité chrétienne*, livre qui comptera 156 rééditions de 1703 à 1856.

— 1703 : *Cantiques spirituels à l'usage des*

Frères des Écoles chrétiennes ; Des devoirs d'un chrétien envers Dieu, dans laquelle il a été traité du Culte extérieur et public ; Des devoirs d'un chrétien envers Dieu et les moyens de pouvoir bien s'en acquitter.

— 1705 : *Règles communes des Frères des Écoles chrétiennes.*

— 1704-1706 : *Conduite des Écoles chrétiennes,* première partie.

— 1711 : *Recueil de différents petits traités à l'usage des Frères des Écoles chrétiennes.*

La production est abondante : des milliers de pages ; elle est inégale, allant de la compilation rapide de textes de prières et de cantiques à des œuvres plus originales dont la richesse est due au travail élaboré avec les Frères à partir de leur expérience professionnelle et chrétienne. Véritable somme comportant à la fois des classiques à l'usage des écoliers et des ouvrages traitant de la vie quotidienne des Frères.

Leur intérêt est de faire une synthèse originale des expériences vécues avec les Frères et des autres pédagogues pratiquées à l'époque. Mais les théories y sont toujours confrontées avec la réalité concrète qu'il a peu à peu découverte dans les quartiers populaires. Cette réalité impose une évolution complexe, d'ordre politique, sociologique et géographique.

Politique, en effet, la décision de doter les cités d'une organisation enseignante communautaire, placée sous la responsabilité de ceux qui jusque-là n'avaient pas de pouvoir : des laïcs, des pauvres. Ce système permettait par ailleurs d'échapper au caractère paternaliste et étroitement charitable des bonnes œuvres de l'époque.

Politique aussi le choix de la méthode et du contenu de l'enseignement : contrairement à d'autres généreux maîtres spirituels, La Salle analyse avec réalisme les ressources et les dons de ses élèves, leurs possibilités de promotion, et en tire les conséquences pédagogiques : ainsi, le français sera la seule langue de cet enseignement ; la priorité sera donnée à l'acquisition des mécanismes de base de la lecture, de l'écriture et du calcul. En même temps, on tentera de faire progresser le comportement social des enfants. Enfin, La Salle élabore des programmes spéciaux, destinés aux maîtres de campagne, aux jeunes artisans de l'école dominicale, et bientôt à ceux de Saint-Yon.

Ainsi, sans rompre avec le passé, il expérimente néanmoins une autre voie. Et, paradoxe pour cet homme que guide un idéal évangélique et pastoral, l'école de l'Église — faite pour l'Église — deviendra peu à peu l'école de la société — faite pour la société. Un historien moderne [34] souligne l'importance et la nouveauté des choix pédagogiques vulgarisés par La Salle :

> « Le syllabaire traditionnel — *La croix de Jésus* — visait à enseigner la langue de l'Église et les prières du

chrétien. Le *Syllabaire français* (de La Salle) vise à l'utilité immédiate et sociale : faire connaître la langue maternelle et, sans se préoccuper directement des exigences particulières aux offices religieux, enseigner aux enfants comment se prononcent et se lisent les mots usuels. Qu'un saint (un clerc !) ait introduit cette sorte de laïcisation dans l'initiation des enfants à la lecture... est peut-être plus étonnant que la substitution pure et simple du français au latin. »

L'évolution amorcée par La Salle est aussi sociologique. En effet, la création d'une communauté de Frères issus d'un milieu pauvre et voués à l'instruction gratuite des leurs, est un moment clef dans l'histoire de l'éducation populaire. La Salle sait par son expérience quotidienne que si l'on veut réussir ce « défi des temps nouveaux », il faut accepter les hommes et leur culture tels qu'ils sont. Deviner aussi ce qu'ils sont capables d'être, en refusant le regard méprisant et réducteur de la société. Son biographe s'étonne de voir parmi les Frères « plusieurs bons sujets sages, vertueux, d'une science suffisante » (1, 263-271). La Salle sait repérer et valoriser les capacités de certains Frères de grande envergure, comme Drolin, Barthélemy, Ponce, Mathias, Vuyart, Thimotée, Bernard, à qui il confie des responsabilités souvent fort lourdes. D'autres meurent jeunes, victimes de leur dévouement près des pestiférés ou de l'excès de leur générosité pour les plus démunis. Nous sommes loin des caricatures de Blain, dont le jugement résume assez bien celui de ses contemporains, qui faisait même passer les premiers Frères pour de pauvres gueux. C'est parce qu'il est profondément convaincu de la valeur de « cette poignée de gens sans caractère » que La Salle va finalement doter l'Église d'un ordre de laïcs, le premier en Europe, essentiellement voué à l'instruction et à l'éducation chrétienne des enfants du peuple.

Cette conviction de « l'éminente dignité du pauvre », La Salle veut la communiquer. Et il va toujours veiller à ne pas détacher ses Frères de ce milieu humain qu'il considère comme un « humus providentiel ». A Reims, et plus encore dans la période parisienne, les décisions successives déjà évoquées visent à renforcer cet attachement : vœu de pauvreté totale, engagement exclusif dans les écoles gratuites ; refus de la cléricature ; refus du latin qui amènerait les Frères à une autre logique et les enracinerait dans une autre culture.

Amorcées dès 1682, reprises et élargies dans le *Mémoire sur l'Habit* (1696), précisées encore dans le premier état des Règles (1705), ces dispositions ne témoignent ni d'un dépit ni d'un immobilisme entêté : elles expriment la volonté tenace d'ancrer les Frères dans leur milieu pour en faire émerger une culture latente, mais encore ignorée. Eux seuls pourront amener les nouveaux citadins à une intégration réussie. L'évolution de leur comportement et de leurs savoirs sera alors un enrichissement de leur propre vie et non la copie de celle d'autrui.

Dans la *Conduite des Écoles* (1704-1076),

La Salle veillera à ce que ses Frères agissent de la même façon : ils doivent miser sur les capacités naissantes des enfants plus que sur leurs carences, les aider à apprendre tout en leur confiant dans l'école et au-dehors des rôles et des responsabilités diverses : collecte et distribution des provisions et des aumônes, signaux réglant les différents horaires, soin du matériel scolaire, accompagnement des élèves qui prennent du retard et ne peuvent plus suivre, visite des enfants absents. Aux plus doués d'entre eux, on « apprend à apprendre » : ils pourront ainsi instruire les plus faibles. C'est donc, dès le plus jeune âge, l'amorce d'une pédagogie de l'entraide. Elle s'appuie sur la solidarité spontanée des gens de la rue, unis à cette époque par la précarité de leur condition et la dureté de leurs peines physiques et morales.

Il suffit de relire *La Conduite des Écoles* pour comprendre que La Salle privilégie l'expérience, et non le savoir académique. Il y reprend les réussites et les doutes des Frères, leur donne un sens, et en tire une méthode réaliste qui se développera bientôt dans toutes les écoles.

Il sait aussi que pour ces gens simples la meilleure pédagogie est celle de l'exemple, du modèle concret. Il se fait pragmatique comme eux, et fonde sa méthode sur un empirisme maîtrisé, d'une grande efficacité.

C'est à partir de cette même expérience qu'il rédige les *Règles de bienséance et de civilité*, qui doivent aider les jeunes à s'intégrer dans la société, sans en devenir les vassaux.

L'évolution géographique, elle aussi, a son importance : pour être efficace, l'enseignement doit se rapprocher de ceux à qui il est proposé. Il ne se fera donc pas dans les églises, mais dans des écoles implantées au cœur même des faubourgs. C'est également sur leurs lieux de travail que La Salle créera une nouvelle formation, plus technique, pour les jeunes travailleurs : matelots, artisans parisiens, ouvriers des filatures de Rouen. Dans la même perspective, il décidera de former, dans chaque « pays », des Frères « qui soient faits à l'air et à la manière » des gens du cru, aussi différents que peuvent l'être, à l'époque, les Parisiens, les Provençaux ou les Normands. Il veut certes promouvoir partout une culture essentiellement citadine et française, mais elle devra respecter la personnalité de chaque région.

Il est si important à ses yeux de vivre sur les lieux où vivent les pauvres, que lorsqu'un de ses disciples, envoyé à Rome pour y faire connaître au Pape l'institut naissant, hésitera entre la maison avantageuse d'un compatriote et un logement précaire en plein faubourg, La Salle sera très clair : « Cet endroit de la ville où il y a des pauvres à instruire vaut mieux qu'une maison assez retirée de Rome. » Il suffit de répertorier les implantations scolaires de ses Frères pour comprendre que ce choix délibéré ne souffre guère d'exception.

L'affaire Clément

Les innovations de La Salle ne désarment pas ses contradicteurs. A ses déboires judiciaires va bientôt s'ajouter un scandale : on l'accuse d'avoir suborné un jeune clerc de vingt-trois ans — mineur à cette époque — pour lui soutirer de l'argent. Vers 1707, un jeune clerc enthousiaste, Jean-Charles Clément, rencontre La Salle et lui fait part de son admiration pour ses initiatives scolaires parisiennes ; il lui dit son désir de les épauler financièrement. La Salle prend le temps de l'informer et même de rédiger à son intention un mémoire *Sur les fins de l'Institut des Frères*. Le document conforte Clément dans son intention ; il propose généreusement l'achat d'une propriété à Saint-Denis : elle servirait de séminaire pour la formation des maîtres de campagne, et éventuellement de noviciat. Il conclut donc l'affaire avec La Salle en lui demandant de la régler par un acompte de 5 200 livres, acompte qu'il couvre d'une reconnaissance de dettes : celle-ci sera réglée dès qu'il aura atteint sa majorité et entrera en possession de l'abbaye qu'on doit lui attribuer. Le délai sera court. En 1709, deux ans après sa première rencontre avec l'abbé Clément, La Salle et les Frères prennent possession de la propriété... Après une interruption momentanée, due à la famine de 1709, le séminaire donne satisfaction. Les encouragements ne manquent pas : ils viennent du cardinal de Noailles, de Mme de Maintenon qui obtient du roi l'exemption pour cette maison... Trois ans plus tard, le jeune Clément entre en possession de son abbaye et, avec toute sa famille, reçoit ses lettres de noblesse. C'est alors que le père, ne voulant pas voir les siens compromis avec des pauvres et avec des hommes marqués par leurs fidélités romaines, décide de nier les dettes et les engagements de son fils envers un homme qui, selon lui, s'était permis de prendre un mineur dans ses filets.

La Salle, revenu en hâte de Provence où il était allé visiter ses nouvelles fondations, s'en explique et remet à des personnes compétentes un mémoire récapitulant toutes ses démarches ; treize lettres de l'abbé Clément prouvent aussi sa bonne foi (1712) ; il se dit même prêt à renoncer à sa créance personnelle... Mais rien ne peut empêcher le procès. Les preuves apportées par La Salle ne suffisent pas. Personne n'est là pour s'opposer à l'influence du nouveau noble : ni les prêtres de Saint-Sulpice, ni le cardinal de Noailles compromis avec les jansénistes, ni les juristes qui voient d'un mauvais œil l'essaimage, illégal à leurs yeux, d'écoles sans statut juridique précis.

La Salle ne se présente même pas au tribunal ; la condamnation est sévère ; portée sur la place publique, elle atteint de plein fouet l'honneur et la dignité d'un homme démuni, un vrai pauvre, cette fois :

> « Faisons défenses au dit sieur de La Salle d'exiger des enfants mineurs de pareils actes et de l'argent et d'user de pareilles voies et le condamnons aux dépens. »

La rancune était assouvie, les engagements de Clément annulés, la maison de Saint-Denis perdue, le séminaire des maîtres de campagne une fois de plus supprimé, sans compter la perte des 5 200 livres avancées par La Salle,

> « prêtre, se disant supérieur général des Frères de l'école chrétienne de la ville de Reims ».

On lui laissait huit jours pour faire place nette.

La Salle est atteint au plus profond de lui-même. Il est maintenant persuadé, comme il l'écrit alors, que

> « ceux de Paris voudraient bien faire en sorte de détruire notre Communauté (Je puis)... vous écrire ceci d'une manière sûre ».

Ressent-il cette nouvelle condamnation comme une négation de sa personne, de son histoire ? Les malentendus qui se multiplient, les durcissements dont il est témoin et victime, la force des préjugés et de l'aveuglement à son égard... tout provoque chez lui un profond ébranlement. Il est bouleversé par ces refus qu'il n'arrive plus à comprendre et qui le placent dans une position insoutenable vis-à-vis de l'Église, de ses Frères, des écoles. Le doute l'envahit. Non plus le doute des premiers jours, méthodique et constructif, mais le doute décapant d'un homme à bout de forces, en plein désarroi. Son errance n'est plus celle qu'il avait choisie pour répondre à l'appel évangélique ; elle lui apparaît cette fois comme une défaite totale. Il ressent maintenant lassitude et angoisse. Et rien ni personne ne semble à même d'enrayer cette vertigineuse remise en question. La seule solution qui lui reste est de faire, lui aussi, retraite au désert ; d'être, pour un temps, « ailleurs ». Un « ailleurs » géographique ? Sans aucun doute. Un « ailleurs » relationnel ? En partie, puisque les meilleurs de ses Frères semblent ne plus le reconnaître. Un « ailleurs » pastoral ? Pourquoi pas ?

Pour l'heure, aucune de ces alternatives ne calme les affres de son esprit. Et c'est dans cette solitude qui confine à la nuit des mystiques qu'il prend la route de la Provence. Il ne sait pas encore où il ira : Marseille sans doute, Rome pourquoi pas ? Mais, plus que sur la route et les grands itinéraires parcourus à pied et à cheval, son « ailleurs » résidera essentiellement dans une relecture du dessein divin. Les *Méditations*, qu'il achèvera d'écrire quelques années plus tard pour ses Frères, nous apportent sans doute des échos de cette longue traversée du désert.

La Salle va finalement se sortir de ce drame en utilisant à l'avantage de ses Frères l'image négative que ses ennemis cherchent à accréditer. Il va se servir des scandales qu'on lui impute pour les retourner au profit des siens ! L'abandon, la

diffamation, les désertions, l'expulsion de ses écoles : en s'élevant au-dessus de ces épreuves, il va
y puiser une nouvelle force :

> « La croix… nous n'avons pas à aller la chercher
> bien loin. Elle nous est toujours préparée en quelque
> endroit que nous nous mettions, de quelque côté que
> nous regardions, soit en haut, soit en bas, soit dehors,
> soit au-dedans, de tous côtés… vous trouverez la
> Croix. » (Elle est partout… il la) « faut recevoir avec
> affection et respect comme un don de Dieu et un hon-
> neur qu'il nous fait » (*Méditations* 121, 1-3).

Par cette soumission intérieure, cet abandon,
cette action de grâces, La Salle rejoint la spiritualité chrétienne portée au plus haut degré par
d'innombrables saints, dont il médite la vie :

> « Que ne fait-on pas pour enlever l'honneur aux
> saints par les plus noires calomnies, en les traitant
> comme s'ils étaient indignes de vivre… » Si le monde
> est leur ennemi c'est qu'ils appartiennent vraiment à
> Dieu (MD, 41, 1-2).

Et quand, de façon insistante, il renverra ses
Frères aux textes de l'Écriture, c'est pour évoquer
le mystère de Jésus-Christ, « serviteur souf-
frant », acceptant le baptême du sang pour
détruire le péché : pour un disciple du Christ, les
épreuves sont un passage difficile mais nécessaire,
qui le font participer à la rédemption et au salut.
Comme le soulignent M. Sauvage et M. Campos,
sur ce point précis :

« Les expressions lasalliennes prennent une vigueur tranchante qui montre à quel point le mystère de la souffrance du Christ est central dans la contemplation (et l'expérience) habituelle du Fondateur [35]. »

Sa vie, même et peut-être surtout dans la déroute apparente du moment, rejoint ainsi sa conviction intime :

« Parmi les maux qu'on pourra vous faire, vous devez toujours demeurer victorieux par celui qui vous a aimés, qui est Jésus-Christ ; parce que ni la mort, ni la vie, ni aucune créature ne pourra jamais vous séparer de la charité de Dieu qui vous unit à Jésus-Christ » (MD, 31, 3).

Il n'est pas étonnant alors qu'à partir de ce 18 février 1712, les disciples qui l'accueillent à Moulins, à Avignon, à Marseille, continuent de percevoir chez lui, au milieu d'un profond découragement, une indestructible lueur de paix. Aussi tiennent-ils à lui prouver, par la spontanéité et la chaleur de leur accueil, qu'ils savent « connaître leur trésor et en jouir », comme l'écrit ingénument Blain. Devant cet accueil, La Salle se croit dans « un autre ciel et une autre terre » et retrouve « un calme profond ».

Était-ce suffisant pour un nouveau départ ? Rien n'est moins sûr ; sa perplexité, son désarroi restent trop vivaces pour se dissiper ainsi. Il se sent coupable : par ses maladresses, il a rompu l'union que son vœu avait tissée avec les Frères. Les offensives dirigées contre lui ont atteint durement — et peut-être de façon définitive — les plus fragiles d'entre eux, et toute la Communauté en est affaiblie. Il se reproche aussi d'être parti, les laissant seuls responsables de l'avenir de cette Communauté.

La grande errance

Sans suivre La Salle dans chacune des fraternités qui l'accueillent, arrêtons-nous néanmoins dans celle de Mende. C'est une communauté qui lui est chère ; elle reste le centre d'une épopée missionnaire qui lui tient à cœur.

Un rapide retour en arrière permettra de mieux cerner ce qu'elle signifie pour lui : en 1705, cinq ans après le grand soulèvement des Camisards, les évêques de Mende puis d'Alès font appel à La Salle pour instaurer des écoles chrétiennes dans leurs terres « infestées d'hérétiques ». Pour La Salle, c'est la période des durs conflits qui l'opposent au curé de Saint-Sulpice. La demande le laisse donc perplexe. Son zèle apostolique le pousse à accepter ce qui ressemble à une gageure : il y voit un appel de Dieu. Mais cette mission difficile exige des Frères suffisamment formés et prêts à mener une vie exemplaire. Son hésitation ne dure pas longtemps, car

« ... il ne fallait pas considérer le bien que feraient ses Frères dans Mende seulement mais encore dans tout le diocèse pour lequel il pourrait former d'autres maîtres... ».

La même année, d'Avignon, La Salle envoie le Frère Ponce, futur « Visiteur » des Frères du Midi, en exploration préalable. Peu de temps après, Frère Mathias, un excellent pédagogue, le rejoindra. En ces terres officiellement déclarées « de mission », dépendant à ce titre de la *Propaganda Fide* récemment insituée, le Fondateur est exigeant sur la compétence des hommes. Lui-même, malgré les fatigues de voyages longs et pénibles, dont il revient chaque fois exténué, se rendra personnellement en 1708 et en 1712 dans ces postes d'avant-garde, s'aventurant même, seul, là

> « où il y avait du danger... à cause des camisards qui tenaient la campagne et faisaient une guerre ouverte aux ecclésiastiques qu'ils tourmentaient cruellement et qu'ils immolaient ensuite » (M., 201).

De son côté, Elie Marion, chef des Camisards des Hautes-Cévennes, nous éclaire sur leurs sentiments :

> « Je n'ai jamais su que dans notre famille il y eut aucun papiste qui ait professé autre religion que la protestante, jusqu'en l'année 1685, que le roy comme l'on sait, par les dragons, par le clergé et les bourreaux força tout le peuple protestant à embrasser le papisme. J'étais alors âgé de 7 ans. Je n'ai jamais fait aucune abjuration ni acte de la religion romaine que d'aller quelquefois à la messe étant forcé comme tous les

autres enfants, par les maîtres d'école que le roy avait envoyés dans tous les endroits protestants pour instruire la jeunesse [36]... »

Le tableau est net : le roi craint alors que, de religieuse, la querelle ne devienne territoriale ; il croit savoir que les Camisards attendent beaucoup de l'Angleterre... Ne pouvant tolérer une telle éventualité, il fait intervenir ses soldats (les Dragons) ; une violente guerre civile s'ensuit ; incendies et destructions alternent avec des amnisties. La répression cède parfois la place à la persuasion, et l'école viendra soutenir cette seconde forme d'action. Dans ces terres « hérétiques », l'Église tente d'insuffler son souci d'évangélisation à la « normalisation » en cours.

Quand les Frères arrivent, le pays « étranger » est encore sous le choc des massacres et des exactions commises pour « exterminer l'erreur libertine » (B., 2, 49). Comme le leur a demandé leur Fondateur, les Frères vont remplir leur mission d'instruction et d'éducation en menant une vie irréprochable, d'une réelle pauvreté évangélique. Pour La Salle, aucun doute n'est possible : si le mouvement a eu un tel impact populaire, ce n'est pas par sa doctrine, mais parce que, dans un peuple écrasé par la pauvreté, le terrain de la révolte était prêt. L'Église en porte une part de responsabilité, d'autant plus qu'elle ne paraît pas disposée à partager les richesses qu'elle accumule avec une certaine ostentation. Le peuple estime

être la victime de ces abus : il n'exige pas beaucoup, mais

> « (le pauvre) a aussi bien besoin d'instruction que
> le riche... mais il n'y en avait point pour lui ! Le
> monde n'en pouvait plus. Les trois quarts des biens
> sont aujourd'hui des biens ecclésiastiques [37] ».

Pour La Salle, la seule réponse est l'exemple,
et le service rendu : le cadre de vie des Frères doit
être celui des pauvres ; l'instruction sera gratuite ;
elle se donnera en français et non dans ce latin
que détestent les protestants ; de plus, les Frères
pratiqueront la modération et la patience face aux
rébellions ouvertes ou larvées de leurs élèves ; si
ceux-ci refusent de participer au catéchisme et aux
offices, leur attitude doit être pleine de prudence,
ce qui s'oppose à la force préconisée par les prêtres. Comme le signale l'historien Y. Poutet, La
Salle ira même jusqu'à retoucher un passage de
la *Conduite des Écoles*, pour insister sur cet esprit
d'ouverture et de conciliation. Malgré les hésitations du texte, on y perçoit une réelle rupture avec
l'esprit du temps. Mais ni les évêques ni les prêtres n'y souscriront.

> « On pourra admettre des externes qui assistent au
> catéchisme les dimanches et fêtes... S'ils sont jeunes
> et au-dessous de 15 ans, ils seront amenés par leurs
> parents... On ne les admettra pas au catéchisme qu'il
> ne paraisse qu'ils y viennent pour être instruits des
> choses qu'ils sont obligés de savoir et de pratiquer. *On
> ne les obligera pas à pratiquer avec les (autres)*

écoliers ni à vêpres ni à la prière : on se contentera qu'ils soient assidus au catéchisme. Et quand l'acte qui se dit à la fin du catéchisme sera fini, les maîtres leur donneront le temps de sortir à moins qu'ils ne veuillent bien rester d'eux-mêmes, à quoi les maîtres feront en sorte de les engager... On n'obligera pas les externes à être interrogés comme les écoliers ; il suffira qu'ils soient attentifs. »

Ces dispositions ne suffisent évidemment pas ; elles seront vite dépassées par le contexte social passionnel, plus favorable à la force qu'à la tolérance. Le résultat ne tarde pas : plusieurs fois la vie des Frères est en danger :

« Ils leur tendirent des pièges, firent des barricades dans les rues pour les empêcher de sortir de chez eux... Ils s'attroupèrent un soir et investirent la maison de toutes parts, résolus de la détruire et de massacrer tout ce qui s'y rencontrait... Les Frères pendant cet orage étaient en prière dans leur oratoire » (B., 2, 53 et M., 197).

La prière est la seule attitude de défense pratiquée par La Salle et apprise à ses Frères, et il n'est pas certain que les biographes tombent dans l'hagiographie simpliste en le soulignant à propos de ces assauts.

Quand, en 1712, La Salle revient voir ses Frères pour la deuxième fois, c'est pour les encourager, certes, mais peut-être aussi pour partager avec eux, en pasteur, la lourde croix qu'ils ont à porter.

Le coup de grâce de Marseille

Après ce long détour missionnaire, il arrive à Marseille. Il y est chaleureusement reçu par les siens et par ceux qui ont coopéré à la création des écoles. Un noviciat est ouvert pour répondre aux besoins locaux. La Salle s'y affaire avec le Directeur de Mende venu tout exprès. Mais l'embellie ne dure guère, rompue par les âpres disputes théologiques qui opposent molinistes [38] et jansénistes : ceux-ci étendent en effet leur querelle à tous ceux qui, comme La Salle et ses Frères, n'acceptent aucun compromis doctrinal. L'adhésion à l'une ou à l'autre de ces thèses devient bientôt la condition de survie des écoles, alors en plein essor. La Salle s'y refuse et perd le noviciat, qui se vide de ses sujets, tandis que de nombreuses écoles de quartier doivent fermer, faute de financement. Cette nouvelle épreuve touche profondément La Salle, vieilli et exténué. Sa décision de retraite s'en trouve renforcée. Il quitte donc Marseille. Il reste quarante jours à la Sainte-Baume, sans y retrouver la paix. De là, il se rend à Mende où l'accueil des Frères est cette fois déplorable : la communauté est en rébellion contre le nouveau Directeur, aux ordres de Marseille.

La Salle loge chez les Capucins. C'est là que le Frère Thimothée vient lui annoncer la fermeture définitive du noviciat de Marseille ; Directeur de ce noviciat, il l'interroge sur ce qu'il doit faire maintenant ; la courtoisie de la réponse ne masque guère le désarroi :

> « Ne connaissez-vous pas mes insuffisances à commander aux autres ? Ignorez-vous que plusieurs Frères paraissent ne plus vouloir de moi ? »

Il sent que de nombreux Frères, un temps fascinés par sa stature et sa position sociale, tendent à s'éloigner de lui au moment où les tenants officiels du pouvoir le disqualifient et le font passer pour un supérieur inutile et même nuisible. La Salle, si accoutumé à tenir compte des appréciations de l'autorité ou de ses Frères les plus zélés, en arrive à ne plus distinguer la volonté de Dieu à son égard. Le bon sens commun, la raison toute cartésienne qui l'ont aidé jusqu'à présent à choisir sa vie avec hardiesse se brouillent sur le parcours final de son itinéraire. L'idéal évangélique qui inspirait son action et celle de ses Frères se trouve confronté à des limites incontournables ; celles des communautés, qui ne peuvent s'accroître à l'infini sans statuts plus précis ; celles des hommes aussi : les conditions dans lesquelles ils doivent vivre leur engagement sont si difficiles... Ils ne peuvent pas rester en permanence sur la ligne de crête. Mais abandonner cette ligne, n'est-ce pas trahir l'appel de Dieu ? Doit-il vraiment adoucir certaines de ses exigences, abandonner un peu de son utopie ? Dans quelle mesure doit-il s'effacer ?

Il voit clairement les risques d'une rupture ; elle aboutirait à une impasse, dont il devine déjà les signes : un retour à l'autorité cléricale renverrait les maîtres à un travail servile, les dépouillant de leurs capacités, les appauvrissant davantage encore, au grand dommage de l'Église. Et l'éclatement des écoles en unités diocésaines disparates leur ferait perdre la force et l'efficacité que leur donne l'appartenance à une même communauté, guidée par le même idéal, soutenue par les mêmes règles. L'homme prophétique se trouvait ainsi pris dans les pesanteurs de l'institution. Rome aurait pu l'aider à résoudre ce dilemme mais, écoutant l'évêque de Marseille, il avait refusé de s'y rendre. C'est donc ailleurs qu'il va chercher la lumière : près de Sœur Louise, une sainte ermite de Parménie, pourvue de dons extraordinaires ; il la rencontre à plusieurs reprises ; il lui dit son désir de se retirer lui aussi dans la solitude, de se démettre (à sa façon, donc radicalement) des affaires de la société des Frères afin de laisser se développer entre leurs seules mains le dynamisme évangélique du mouvement. Et c'est cette pauvre femme analphabète qui le dissuade de choisir une autre voie que celle dans laquelle Dieu l'a engagé jusqu'alors. En fait, le jugement de Sœur Louise rejoint le sien. Aussi, est-ce avec une sérénité totalement retrouvée qu'à la grande joie de ses hôtes, il reste dix mois dans la communauté des Frères de Grenoble [39], fondée en 1708. Une commu-

L'une des pages du manuscrit de 1713 qui règle les détails de la vie de la communauté.

nauté comme il les aime : Frères généreux et compétents, bien insérés dans un milieu de pauvres et d'artisans qu'ils évangélisent par l'instruction et l'éducation. C'est dans cette chaude fraternité qu'il travaille de nouveau aux *Devoirs du chrétien* et qu'il envoie « un Frère s'enquérir de ce qui se passe dans les autres communautés ».

Une nouvelle connivence

Pendant ce temps, à Paris, le Frère Barthélemy, sans mandat de La Salle, passe pour le responsable des Frères ; isolé, apeuré, il prie les évêques qui ont des Frères dans leur diocèse de leur accorder des Supérieurs ecclésiastiques chargés « de les aider de leurs conseils ». Démarche ambiguë que réprouvent la plupart des Frères de Paris et des environs. Ils y voient la rupture du fragile équilibre de leur position sociale et communautaire, au profit de l'obsession centralisatrice du clergé. La Chétardye ne s'y trompe pas ; profitant de la brèche ainsi ouverte, il s'active, sur Paris, à la nomination d'un supérieur ecclésiastique, M. Brou. Celui-ci exige des Frères un acte de reconnaissance de son autorité et de ses droits sur les communautés. La manœuvre est claire ; elle vise à l'élimination de La Salle. Devant ce fait accompli, le « corps de la société » réagit ; les Frères de Saint-Denis, Versailles et Paris envoient à La Salle une sommation des plus inattendues :

> « Monsieur notre très cher Père, Nous, principaux Frères des Écoles chrétiennes, ayant en vue la plus grande gloire de Dieu, le plus grand bien de l'Église et de notre Société, reconnaissons qu'il est d'une

extrême conséquence que vous repreniez le soin et la conduite du saint œuvre de Dieu qui est aussi le vôtre, puisqu'il a plu au Seigneur de se servir de vous pour l'établir et le conduire depuis si longtemps. Tout le monde est convaincu que Dieu vous a donné et vous donne les grâces et les talents nécessaires pour bien gouverner cette nouvelle Compagnie, qui est d'une si grande utilité à l'Église ; et c'est avec justice que nous rendons témoignage que vous l'avez toujours conduite avec beaucoup de succès et d'édification. C'est pourquoi, Monsieur, nous vous prions très humblement et vous ordonnons au nom et de la part du corps de la Société auquel vous avez promis obéissance, de prendre incessamment soin du gouvernement général de notre Société. En foi de quoi nous avons signé ; fait à Paris, ce 1er avril 1714 ; et nous sommes avec un très profond respect, Monsieur notre cher Père, vos très humbles et obéissants inférieurs. »

Le langage est net, l'impératif catégorique. Sans doute est-ce une réponse au passage de Frère Jacques, l'émissaire grenoblois de La Salle ; elle prend la forme d'une profession de foi et de fidélité conviviales : l'institut constitue un immense service rendu à l'Eglise ; il est l'œuvre que Dieu vous a personnellement demandé d'établir ; vous vous y êtes engagé avec succès et édification ; le vœu que vous avez émis vous lie à nous et vous oblige à reprendre la direction d'un institut en difficulté...

Une copie de la lettre avait été envoyée aux Frères du Midi, leur demandant des signatures : l'ordre n'en serait que plus fort s'il devenait un plébiscite ! La Salle ne se met pas en route immédiatement ; l'angoisse du naufrage d'une œuvre qu'il juge essentielle ne le tenaille plus, car les Frères prennent enfin en main leur propre destin ; la confiance est revenue, et, avec elle, la conviction que son éloignement est indispensable : comme le diraient aujourd'hui les psychologues, la communauté doit inéluctablement passer par la « mort » du père, ou tout au moins par son effacement. La Salle va s'y employer efficacement et en toute lucidité. Aucune susceptibilité dans cette décision de prendre son temps ; nul désir de revanche ; une simple affirmation, celle d'une connivence nouvelle. Puis, La Salle, rasséréné parce qu'il distingue mieux la volonté de Dieu à son égard, retourne à Paris, en passant probablement par les communautés de Moulins, Troyes, Épernay, Reims...

Arrivé à Paris, vers la fin de 1714, il aborde ses Frères avec une question certainement teintée d'humour : « Que voulez-vous de moi ? » Le biographe ne rapporte pas la réponse. Mais la conduite de La Salle nous éclaire sur deux points : d'abord, il n'intentera aucun procès, et surtout pas contre le Frère Barthélemy ; au contraire, il lui conservera toute son estime, continuant à se décharger sur lui de nombreuses responsabilités et à le former insensiblement à la lourde charge de sa succession. Par ailleurs, toute sa stratégie (car c'est un fin stratège) portera maintenant sur la préparation de l'avenir.

Plutôt que de fournir un mode d'emploi théorique, La Salle va donc accélérer le processus de la passation des pouvoirs. Phase délicate entre toutes, marquée par le passage de l'autorité du Fondateur à celle du continuateur, avec toute la distance qui sépare la création de la gestion et de la consolidation, moins gratifiantes. La Salle n'a plus que cinq années à vivre, c'est donc là son dernier enjeu.

Dès son retour à Paris, il y est aidé par l'état d'esprit de l'ensemble des Frères, mais aussi par le fait que le paysage clérical a quelque peu changé depuis la mort de M. de La Chétardye, l'intransigeant curé de Saint-Sulpice, en juillet 1714. Avec sa disparition, M. Brou perdait tout pouvoir réel ; avec une onction ecclésiastique qui ne trompe personne, il renonce aussitôt à toute velléité d'influence sur les communautés parisiennes :

> « J'ai cru devoir m'en remettre (à M. de La Salle) du gouvernement de sa Société, dont je n'ai pris soin qu'en son absence... »

L'Aître Saint-Maclou, qui abrita une des premières écoles de charité à Rouen.

4. La période normande
(1715-1719)

Saint-Yon

La Salle va franchir les dernières étapes de sa vie. Depuis 1705, la maison de Saint-Yon a été louée aux Frères pour dix ans; c'est, en face de Rouen,

> « une étendue calme de 7 hectares de jardins, de prairies, de grands arbres avec de vastes bâtiments ».

En quatre ans, le maître des novices, Frère Barthélemy, y formera trente-deux Frères venus d'horizons différents : des fils de paysans, de petits artisans et même un riche propriétaire bourguignon. Pour les jeunes Frères, une sorte d'École Normale s'organise autour d'une école d'application ouverte sur le quartier populaire de Saint-Sever ; sous la conduite d'un maître chevronné, ils y apprennent à faire la classe : initiation pratique (en accord avec la *Conduite des Écoles*), essais sur le terrain et joute intellectuelle à la mode des Jésuites (l'« Attaque »), leur permettent d'évaluer leurs acquis et de les parfaire, grâce à une saine émulation.

La réputation des Frères s'étend tellement que des familles aisées de Rouen demandent et obtiennent que quelques-uns de leurs enfants soient accueillis à Saint-Yon, en pension, pour y recevoir une initiation technique adaptée aux hommes d'entreprise qu'ils veulent devenir. Le consentement est donné, et un accord avec le curé de la paroisse préserve les droits des uns et des autres : celui des élèves, qui ne pouvaient s'accommoder du rythme et des obligations extrêmement contraignantes de la paroisse, et celui du curé assuré de recevoir « ses » paroissiens à la messe du dimanche... « afin que personne ne manquât aux offices paroissiaux ». Cet accord va, en fait, se montrer impraticable le jour où Saint-Yon recevra des élèves « enfermés » et des prisonniers de force ; sa rupture servira de prétexte à un brutal retour de l'autoritarisme religieux.

Le programme des pensionnaires de Saint-Yon est une riche synthèse de ce qui avait déjà été tenté dans les écoles dominicales et près des Irlandais émigrés : cours religieux certes (catéchisme et histoire sainte) mais aussi cours d'histoire, de géographie, de littérature, de rhétorique, de comptabilité, de géométrie, d'architecture, d'histoire naturelle. S'y ajoutent même pour certains des cours d'hydrographie, de mécanique, de calcul différentiel et intégral, de langues vivantes et de musique. Programme très pragmatique, presque proposé « à la carte », dont les composantes n'étaient pas totalement inconnues dans de grands établissements français. Mais l'ensemble apparaît original, préfigurant ce qui sera plus tard l'enseignement secondaire moderne. Cette même maison de Saint-Yon va bientôt accueillir de jeunes « libertins », enfermés là à la demande de leurs parents. On connaît la tendance du siècle — institutionnalisée par Colbert — à mettre à l'écart les éléments tenus pour dangereux, non pas tant en raison d'infractions qu'ils auraient commises que pour le désordre qu'ils créent ou risquent de créer. Ces placements

> « étaient dans leur extrême majorité sollicités par des pères de famille, des notabilités mineures, des communautés locales, religieuses, professionnelles contre des individus qui provoquent pour eux gêne et désordre. La lettre de cachet monte de bas en haut (sous forme de demande) avant de redescendre... Elle est l'instrument d'un contrôle local et pour ainsi dire capillaire [40]. »

Dans l'inventaire de ces jeunes jugés dangereux, nous trouvons effectivement des marginaux qualifiés d'insoumis, irréguliers, rusés, vagabonds. De ce châtiment (l'enfermement pour une durée indéterminée), les parents et la société attendent un redressement marqué par des habitudes nouvelles de comportement et de soumission. Les sociétés religieuses — à plus forte raison, les sociétés religieuses éducatives — sont ainsi sollicitées par les pouvoirs publics qui les jugent propres à ce travail, en raison de la discipline que fait naître leur ascèse personnelle et collective. Pour eux, cette ascèse est la voie royale du redressement ! La réponse de La Salle et des Frères de Saint-Yon sera doublement originale :
— Ces enfermés sont des « pauvres » ; et c'est comme tels qu'ils doivent être reçus (et non au nom de leurs carences réelles ou supposées). Comme tels, ils font partie des jeunes dont les Frères ont la charge ; et si certains de ces mauvais

garçons appartenaient plutôt à de riches familles à même de payer la note de l'enfermement, les Frères devaient néanmoins assimiler ces « jeunes gens libertins et impossibles » à de pauvres exclus. Nouvelle preuve que, dans l'esprit de La Salle, la pauvreté ne se limite pas à un statut économique, même si celui-ci en est un caractère essentiel.

— Par ailleurs, cette sollicitation s'inscrivait dans un contexte de représailles et de coercition. La Salle, homme de son temps, ne récuse pas cette logique ; mais, tout en l'acceptant, il la christianise en quelque sorte par l'usage qu'il en fait et le traitement particulier qu'il y apporte. En effet, s'opposant encore une fois à la coutume, les innovations de La Salle sont chargées de sens : il refuse toute ségrégation entre pensionnaires libres et pensionnaires enfermés ; il donne à ceux-ci la possibilité de recevoir la même formation générale et technique que les fils de chefs d'entreprise ; il refuse les contraintes de pure force au profit de la persuasion ; il introduit les loisirs dans la vie quotidienne (musique, élevage d'oiseaux, culture de fleurs) et rompt ainsi le rigorisme remis à la mode par Mme de Maintenon ; il donne à cet éloignement forcé une perspective spirituelle, dépassant de loin le simple dessein d'un retour forcé à la vertu.

Le succès aidant, aux libertins viendront se joindre des prisonniers de droit commun qui, eux, vivront dans une aile distincte du reste des bâtiments. Peu de précisions nous sont parvenues sur cette autre aventure, mais on sait que La Salle avait l'habitude de les rencontrer fréquemment.

C'est ainsi que, dans ce microcosme rouennais, se réalise un nouvel ordre des choses et La Salle s'en émerveille. Des centaines d'enfants pauvres des faubourgs de Rouen sont évangélisés dans les écoles, par l'apprentissage et la maîtrise de savoirs nouveaux, indispensables à leur développement ; des démarches éducatives originales, nées de l'échange incessant des savoirs généraux et des savoirs particuliers, des savoirs populaires et des savoirs académiques, sont expérimentées avec succès à Saint-Yon ; des marginaux que les préjugés et l'aveuglement disqualifiaient sévèrement s'y voient accueillis et instruits.

Des équipes éducatives composées d'enseignants laïcs (et d'eux seuls) concourent avec enthousiasme à la reconnaissance d'une profession jusqu'alors déconsidérée ; une méthodologie efficace et rationnelle s'élabore ; malgré un excès de classifications et d'inventaires, elle repose sur l'observation, l'usage réfléchi d'outils pédagogique adaptés, l'évaluation constante, et, par là même, propose des chemins à suivre plutôt qu'un itinéraire immuable. Ces réalisations ne sont plus à l'état d'ébauche ou de prototype : déployées sur nombre de diocèses, elles disent la réussite — toujours fragile — d'un projet éducatif péniblement mais durablement établi par toute une communauté. Ce que La Salle ignore — et pour cause ! — c'est qu'il faudra attendre soixante ans (la Révolution française) pour que soit redéfini à l'échelle d'une nation son pari pour l'éducation de l'enfance populaire ; et plus de cent ans (loi Guizot) pour que cette éducation soit effectivement et gratuitement dispensée à tous les enfants du peuple.

« Dieu soit béni. J'adore en toutes choses sa volonté »

A Saint-Yon où il s'est retiré, La Salle s'informe de toutes ces activités ; surtout, il accompagne la formation de ses Frères et reprend les textes fondamentaux de son Institut, la *Règle*, les *Méditations*, la *Conduite des Écoles*. Son souci est d'assurer l'avenir, en le balisant d'écrits références qui ne permettent nul doute sur l'esprit de l'Institut. Pour ce faire, il reprend l'itinéraire qui fut le sien et celui des premiers Frères ; ces événements de toute une vie, il les regarde de plus haut maintenant. Cet élargissement du champ de vision lui montre mieux l'orientation d'un « dessein providentiel » qu'il entend léguer aux siens ; il le reprend dans ses soixante-dix-sept *Méditations pour les dimanches et fêtes*, qui atteignent leur état définitif entre 1715 et 1717.

Pour quelques-unes de ces Méditations, il utilise également des fascicules de vulgarisation de l'époque ; il se sert des fiorettis souvent réalistes et concrets de la vie des saints pour rejoindre la culture de ses Frères ; mais, par une utilisation judicieuse des grands textes pauliniens, par le lien qu'il établit entre ces textes et les préoccupations spirituelles et professionnelles des Frères, il aboutit à quelques lignes directrices originales et fortes ; lignes directrices qui ne renient rien d'une histoire encore actuelle pour nombre des siens, l'histoire de l'irruption d'un Dieu déroutant et plein d'une infinie tendresse dans leur vie personnelle et collective. « Appelé », « choisi », « destiné à »... si ces mots reviennent souvent dans les écrits de La Salle, c'est qu'ils affirment le charisme des Frères : ils sont « appelés à devenir les coopérateurs de Dieu » dans l'œuvre du Salut, à se faire eux aussi, laïcs consacrés, ministres de l'Église, pour annoncer la Bonne Nouvelle au peuple des pauvres, par leur métier d'éducateurs. Les *Méditations pour le temps de la Retraite*, rédigées à l'adresse des Frères mais

> « à l'usage de toutes les personnes qui s'emploient à l'éducation de la jeunesse [41] »,

reprennent toutes ces idées en une synthèse particulièrement dense. Quelques paragraphes de la *Règle des Frères* précisent avec force

> « ce qui est le plus important et ce à quoi on doit avoir le plus d'égard dans (la) communauté... L'esprit

de cet Institut est premièrement un esprit de foi qui doit engager ceux qui le forment à ne rien envisager que par les yeux de la foi, à ne rien faire que dans la vue de Dieu, à attribuer tout à Dieu...

Secondement, l'esprit de l'Institut consiste dans un zèle ardent d'instruire les enfants et de les élever dans la crainte de Dieu. »

Comme le rappelle M. Sauvage, « c'est tout l'enseignement spirituel du Fondateur qui parle de la Foi ». Il en fait une attitude fondamentale du chrétien et du Frère. Les *Devoirs du chrétien* qu'il a revus à Grenoble à l'issue de la crise qui l'a si profondément ébranlé s'ouvrent par un exposé sur la foi... ; de même la prière qu'il propose dans la *Méthode d'Oraison* qu'il termine entre 1715 et 1716 [42] : elle est tout entière exercice de la foi, une foi active, exigeante, qui se traduit concrètement :

« L'esprit de Foi est un esprit qui se règle et se conduit en toutes choses par les maximes et les sentiments de Foi tirés particulièrement de la Sainte Écriture » (Recueil).

Pour La Salle, la foi est un guide pour chaque moment de la vie ; elle est besoin irrépressible d'annoncer Jésus et de coopérer à la naissance d'un monde nouveau où chacun serait vraiment considéré, reconnu, aimé. Utopie ? Sans aucun doute, comme celle que proclame l'Évangile, dans la radicale contestation des « Béatitudes » !

En décembre 1716,

> « voyant que depuis près d'un an (La Salle), notre
> Instituteur est hors d'état d'y vaquer (au gouverne-
> ment de l'Institut), ayant toujours été infirme depuis
> ce temps »,

un conseil est tenu par les principaux Frères de
son entourage ; il fixe la procédure d'élection du
premier Frère supérieur. Le Frère Barthélemy est
choisi pour contacter toutes les communautés
existantes afin de recueillir leur point de vue et
leur accord éventuel pour l'assemblée générale.
Ceci fait, le jour de la Pentecôte 1717, les représentants des Frères entrent en retraite ; La Salle
explique ce qui l'a décidé à les convoquer tous ;
il insiste fortement sur la nécessité de lui donner
un successeur ; puis il s'absente volontairement
des délibérations, pour apprendre ensuite que par
« ballottes secrètes » le Frère Barthélemy a été
« réquisitionné » pour lui succéder ; sa réponse est
spontanée : pour lui, « il y a longtemps qu'il est
élu » ! Il l'est en effet depuis toutes ces années
durant lesquelles La Salle a pris le temps de former ce fils d'un maître d'école et de lui confier des
responsabilités de plus en plus délicates à la direction du noviciat. La Salle se considère désormais
comme l'un des Frères soumis à l'autorité du
Supérieur Barthélemy ; il se refuse à donner aucun

ordre et, le cas échéant, rappelle sa ligne de conduite, comme dans cette lettre adressée au Frère Barthélemy :

> « Il ne convient pas que j'aie aucune part à toutes ces affaires (signature d'acte d'achat de Saint-Yon) que vous me marquez, à cet égard, moi n'étant rien, et vous, comme supérieur en étant le maître. A l'égard des personnes que vous me marquez de voir, si vous voulez je les verrai et, cela supposé, ayez la bonté de me marquer que vous me l'ordonnez comme étant mon supérieur et celui des Frères, et j'irai aussitôt. »

Cependant, sa santé décline ; en bon fils de légiste, c'est méthodiquement qu'il se défait de ses biens : bibliothèques, meubles, droits de succession sur des maisons acquises (pour les communautés) à son nom, etc.

Il rédige son testament le lundi saint :

> « Au nom du Père... Je soussigné Jean-Baptiste de La Salle, prêtre étant malade dans une chambre proche de la chapelle, Faubourg Saint-Sever, voulant faire un testament qui termine toutes les affaires qui me peuvent rester, je recommande premièrement mon âme à Dieu et ensuite tous les Frères de la Société des Écoles chrétiennes auxquels il m'a uni. Et leur recommande sur toutes choses d'avoir une entière soumission à l'Église et surtout dans ces temps fâcheux et pour en donner des marques de ne se désunir en rien de l'Église de Rome... Je leur recommande aussi d'avoir une grande dévotion envers Notre Seigneur, d'aimer beaucoup la sainte communion et l'exercice de l'oraison et d'avoir une dévotion particulière envers la Très Sainte Vierge et envers saint Joseph... et de s'acquitter de leur emploi avec zèle et avec un grand

désintéressement, et d'avoir entre eux une union intime et une obéissance aveugle envers leurs supérieurs... »

Ceci fait, au moment même où il demande l'extrême onction (5 avril 1719) il doit subir une dernière et dérisoire épreuve : la suspension de ses pouvoirs ecclésiastiques diocésains ! Les rivalités de l'Église et de l'école semblent en effet recommencer. Au-delà du rapport de forces manifesté par cette sanction, avec une agressivité plus qu'inconvenante, il faut rappeler encore une fois que l'enjeu était fondamental : il s'agissait en fait du rapport entre sacerdoce ministériel et laïcat, entre le pouvoir de l'institution cléricale et celui de la société civile. Il faut le reconnaître, ni les uns ni les autres n'étaient prêts à assumer ce conflit ni même souvent à l'analyser. La savante étude de M. Sauvage, *Catéchèse et laïcat*, contribuera la première à éclaircir cette querelle : quelle relation établir entre des Frères — hommes consacrés, dont le ministère s'exerce dans la société civile, à travers un métier — et des clercs dont la vocation s'épanouit le plus souvent dans le cadre institutionnel de l'Église, par l'apostolat religieux [43] ?

La Salle répond à ce dernier désaveu par un abandon total à la Providence ; total, puisqu'il est maintenant dégagé de tous ses biens, de toutes ses fonctions, sans titre, ni reconnaissance officielle, désavoué par la hiérarchie de l'Église et par celle du tribunal, physiquement épuisé ; mais abandon d'offrande comme l'atteste le testament qu'il adresse à ses Frères rassemblés. En effet, quelques heures seulement après cette nouvelle condamnation, le vendredi 7 avril 1719, La Salle s'exprime pour la dernière fois :

> « La victime (est) prête à être immolée... il fallait travailler à la purifier... J'adore en toutes choses la conduite de Dieu à mon égard » (B., 2, 174).

Ce furent ses toutes dernières paroles. Il avait 68 ans.

Pour un bref instant, les malentendus semblèrent se dissiper ; tous, au dire du biographe, furent unanimes à crier dans les rues : « Le saint est mort. » Ce qui ne nous surprend guère de la part de ce peuple et de ces enfants pauvres à qui La Salle, dans la *Conduite des Écoles*, recommandait avec insistance de ne pas crier si fort !

Plutôt que de reprendre les acclamations de l'entourage de La Salle, concluons cette courte rétrospective en écoutant deux chercheurs contemporains, qu'on ne peut soupçonner de cléricalisme :

> « Signe des temps peut-être, le dernier grand saint du siècle des Saints est un homme des petites écoles. Le but est tout charitable : il s'agit d'instruire les pauvres des villes, trop abandonnés à de médiocres écoles de charité qui vivotent au hasard de la bonne volonté des Bureaux des pauvres et qui n'enseignent bien souvent qu'une lecture très rudimentaire. Mais l'instrument qui naît de cette création tardive de la

Contre-Réforme est déjà tout moderne : si moderne qu'il échappe en partie à sa finalité religieuse et charitable pour figurer souvent... le modèle de l'école utile... Ce glissement ou ce succès ne doivent rien au hasard. Ils illustrent au contraire la pression et l'évolution de la demande sociale pour une école mieux organisée, plus efficace et socialement plus utile. Non que la finalité affichée des Écoles chrétiennes soit différente de celle que lui attribuent les mandements épiscopaux... au contraire il s'agit pour de La Salle de la gloire de Dieu et du salut des jeunes âmes confiées à son Institut. Mais déjà l'accession des pauvres à la lecture et à l'écriture est plus explicitement pensée en termes d'insertion sociale et de bien public... C'est ainsi que passe à travers l'Église, et par l'Église, invinciblement, parce qu'il prend sa source dans le développement même de la société civile ce courant de laïcisation des esprits et des institutions où se constitue la France contemporaine [44]. »

La Salle fut béatifié en 1888, et canonisé en 1900 ; il fut déclaré « protecteur » de tous les éducateurs en 1950. Son œuvre lui survécut. Nous ne pouvons achever ce livre sans évoquer les grands moments et les principales orientations de cette Société à laquelle il s'était entièrement voué.

5. Trois cents ans plus tard

Participer à la découverte et à la prise en considération de l'enfance et de la jeunesse dans leur spécificité ; découvrir les pauvres et commencer à explorer leur culture ; transformer l'objectif pastoral de l'évangélisation des laissés-pour-compte en changeant ses perspectives ; définir de nouvelles méthodes pour rejoindre des aspirations déjà répandues dans tout un corps social ; créer un mouvement évangélique et une institution chrétienne pour universaliser un projet et une méthode ; rationaliser le processus éducatif et en réduire le coût ; faire de l'école l'instrument privilégié d'une culture populaire et d'une promotion collective future, telles étaient les voies ouvertes par La Salle.

Trois cents ans plus tard, on peut se demander ce qu'il en est advenu.

Flashes sur une longue histoire

Quelques jalons et quelques brèves annotations qui n'engagent que leur auteur devraient suffire.

— L'Institut de La Salle passe d'environ 130 Frères à la mort du Fondateur à près de 800, soixante-dix ans plus tard, en 1789 [45].

— En 1789, les Frères se retrouvent dans leur quasi-totalité du côté des réfractaires ; ils sont écartelés entre leurs différentes fidélités : envers le pape, identifié par eux à l'Église et envers le peuple des pauvres qu'ils reconnaissent fort peu dans les révolutionnaires ; l'un des leurs, Frère Salomon, secrétaire général de leur Institut, meurt à la prison des Carmes ; il sera béatifié avec les « martyrs » de septembre.

— L'Institut des Frères est supprimé le 18 août 1792 : « Toutes corporations religieuses sont dissoutes même celles qui, comme la vôtre, vouées à l'enseignement public ont bien mérité de la patrie. »

— Avec Bonaparte, puis la Restauration et durant tout le XIXᵉ siècle, les Frères, qui ont gardé leurs racines populaires, connaissent une expansion extraordinaire ; pendant un siècle, nombre de congrégations naissantes s'inspireront de leur expérience.

Les Frères serviront en priorité les gens du peuple comme instituteurs municipaux, avant que Jules Ferry ne rende obligatoire pour tous l'école

Chapelle de Saint-Yon. Construite après la mort du saint, elle conserva son tombeau jusqu'à la Révolution.

gratuite qu'ils avaient inventée. Un jeu regrettable d'oppositions réciproques durcira alors les antagonismes de la société religieuse et de la société civile, au détriment de leur statut original de laïcs consacrés et de leurs investissements pédagogiques.

— En France, l'Institut est démembré par les « lois scélérates » de 1901-1904. Ces lois devinrent en fait un instrument de grâce dans la mesure où nombre de Frères s'expatrièrent et donnèrent à leur Institut un rayonnement véritablement international ; il fit surgir partout des disciples enthousiastes qui, aujourd'hui, avec ceux de France, d'Europe, d'Amérique du Nord, d'Amérique centrale et d'Amérique latine vivent un aggiornamento difficile, sous le signe de la fidélité et de l'espérance évangéliques.

— Rétablis légalement en France, après la guerre de 14-18, les Frères, interpellés par le nouveau visage de la société, contribuent pour leur part à la réussite des patronages populaires, ainsi qu'à la fondation et au premier essor de ce qui devait être ensuite la CFTC. Le P. Guérin (fondateur de la JOC française) a toujours souligné l'importance qu'avait eue l'action éducative des Frères dans la naissance de ce mouvement de la jeunesse ouvrière chrétienne.

Et aujourd'hui ? Sans procéder à une étude approfondie des récentes assemblées générales des Frères — ce qui n'est pas le propos de ce livre —, relevons quelques interrogations concrètes qu'un grand nombre de disciples de La Salle formulent aujourd'hui. On pourrait parler de situations ou de courants. Ces interrogations portent sur la fidélité au Fondateur.

Calais 1700-1705
Boulogne 1710
Guise 1682
Darnétal 1705   Laon 1682   Rethel 1682
Rouen (St Yon)   St Denis 1708   Reims 1679.1684
1705 1715   Versailles 1710   Paris 1688.1718
Chartres 1699   Troyes 1705
Dijon 1705
Moulins 1710   Mâcon 1707
Grenoble 1707
Mende 1707   les Vans 1711
Alais 1707   Avignon 1703
Marseille 1706

L'INSTITUT
des
Frères des Écoles chrétiennes
à la mort de
Saint
Jean-Baptiste de la Salle
en 1719

26 communautés en France
plus une à Rome (1700)

Les dates sont celles de la
fondation des communautés

L'itinéraire de Jean-Baptiste de La Salle a été balisé par de nombreux écrits, des Règles et des normes de conduite qui constituent pour les Frères un héritage incontesté. Mais, dans cet ensemble, où est l'essentiel ? Comment découvrir, dans les expériences d'hier, les éléments permanents du charisme des Frères, sans culte abusif ni abandon inconséquent ? Comme ils l'ont reconnu avec courage, surtout depuis leurs assemblées internationales de 1966, les Frères ont trop souvent considéré leur Institut comme une société presque achevée dont le seul projet d'avenir aurait été de maintenir l'acquis initial.

De plus, trois cents ans d'histoire avaient immanquablement figé les attitudes dans un certain type d'obéissance ; ils ont limité et parfois paralysé l'actualisation de l'évangélisation des pauvres.

Aujourd'hui, pour la majorité des Frères, le renouveau est à l'ordre du jour. A la manière de La Salle, cette remise à jour se fait dans « la nuit » par une humble écoute de l'Esprit qui parle à travers les nouvelles pauvretés d'aujourd'hui. L'histoire de La Salle, mouvementée comme toute histoire d'amour, continue donc et les Frères font le pari de la poursuivre dans un contexte aussi neuf pour eux que pour leur Fondateur.

Au cœur de la société
civile contemporaine

La quête de la fidélité créatrice de nombre de Frères se fait donc par une recherche théorique et fondamentale sur leurs origines mais avec la volonté de « coller » à la vie, en tenant compte de la mentalité moderne ; études de plus en plus approfondies de la vie et des écrits de La Salle et des premiers Frères, de leur portée idéologique et évangélique ; en témoigne la remarquable série des Cahiers lasalliens qui doit tant à des Frères comme Maurice Auguste, M. Sauvage, L.-M. Aroz, M. Campos, Poutet..., auteurs à qui ce livre est largement redevable.

Réunis en fraternités, les Frères reprennent à leur compte son itinéraire : « retour aux pauvres », immersion dans la réalité de leur vie et de leur culture, tout en entretenant des liens étroits avec les organisations religieuses et laïques qui travaillent à leur libération.

Pour beaucoup de Frères, la spécialisation avait peu à peu réduit les enfants à leur seule condition d'élèves, et la pauvreté à un concept intellectuel ; leur remise « en situation » devrait permettre d'établir des liens nouveaux avec les pauvres, anciens et nouveaux, qu'il est urgent de mieux connaître et de rejoindre en s'évangélisant réciproquement. Pour les Frères, cette périlleuse et indispensable démarche de re-fondation est d'autant plus éprouvante que la courbe démographique ne joue pas en leur faveur (en France surtout) et que la gestion de leurs institutions (souvent fort lourdes) les accapare au détriment de l'écoute des pauvretés nouvelles.

Malgré d'incessants efforts, souvent héroïques, dans le tiers monde (efforts mis en évidence par les récentes béatifications des Frères Miguel (Amérique latine) et Scubilion (Ile de la Réunion), les Frères, comme nombre de missionnaires, ont souffert de la conception romaine de la mission : celle-ci devait être la reproduction pure et simple — stérilisante — d'un modèle universel. Le succès de leurs entreprises scolaires aidant, les Frères sont parvenus au faîte d'un système éducatif souvent récupéré à leur seul profit par les classes aisées. Mais, depuis quelques années, un véritable retournement s'est opéré. Dans nombre de pays du tiers monde, et grâce aux Frères autochtones, l'Institut cherche aujourd'hui à se donner un tout autre langage, pour rejoindre les aspirations des pauvres dont la culture et les conditions de vie sont si différentes de celles des pays d'Europe. Une évolution est commencée, elle entraînera, comme les Frères l'ont perçu depuis, d'autres changements, probablement déchirants, comme ceux auxquels procéda en son temps un La Salle : institutionnels, mais aussi théologiques, pédagogiques. Ces changements sont certainement difficiles à maîtriser dans une perspective authentiquement évangélique.

Les assemblées générales des Frères (appelées chapitres) ont, depuis 1966, laissé champ libre à cette recherche, à condition que soient sauvegardés la vie en fraternités, le laïcat, le dessein d'évangélisation et d'éducation des pauvres, enfants et jeunes surtout. Il est trop tôt pour en dresser un bilan, d'autant qu'en France la raréfaction des vocations, l'auto-censure souvent inconsciente, freinent des initiatives qui paraissent vite anarchiques, voire dangereuses en raison des glissements possibles vers des modèles inédits de vie laïque consacrée ou vers des mouvements populaires de contestation rapidement traités de communistes.

Les affrontements entre clercs, laïcs et société civile ont jalonné la vie de La Salle. Le problème, aujourd'hui encore, est insoluble ; il fait partie de la dynamique d'une société pluraliste ; il ne peut être vécu que dans la tension. Nul doute que les Frères sont à la recherche de leurs marges d'autonomie. Une autonomie recherchée en fonction des intérêts de la classe populaire qu'ils entendent évangéliser en priorité. Le balisage est difficile. Il demande de clarifier les rapports qu'ils entretiennent avec le politique, dans la reconnaissance des instances que l'État s'est données, mais aussi dans une action innovante qui réponde aux problèmes des nouvelles pauvretés, et aux questions sociales que posent ces situations nouvelles (immigration, racisme, types d'éducation populaire, souci des exclus jusque dans leurs dérives). Se redonner existence dans la société requiert la capacité d'assurer collectivement une fonction de proposition, de contestation et d'action sans se laisser constamment dépasser ou effacer par la voix autorisée d'une corporation, qu'elle soit d'Église ou d'État.

L'école et les enseignants restent évidemment une priorité ; les incertitudes d'aujourd'hui, la désaffection de ce service, la perte de sens de ce ministère sont des interrogations qui rejoignent concrètement l'effort de Frères soucieux de faire passer près des enseignants laïcs le message de La Salle et de retrouver au-delà des clivages, un type nouveau d'intervention pédagogique.

De nombreux chantiers restent donc en friche. Mais trois cents ans après leur fondation, le pari reste lancé ; c'est le pari de la foi, de la fidélité à un monde de défavorisés ; enfin — et ce n'est pas le moins important — c'est encore la capacité intelligente d'assumer et de vivre évangéliquement les différences, les tensions, le heurt constant entre l'idéal et la réalité... C'est le pari d'une foi sans frontières.

Notes

1. BLAIN (B.), « conseiller ecclésiastique » des Frères de Normandie, ami de De La Salle ainsi que du Père Grignon de Monfort, commence à rédiger en 1720, *La vie de M. Jean-Baptiste de La Salle, Instituteur des Frères des Écoles chrétiennes*, Éd. Cahiers lasalliens n° 7 et 8, Rome.
L'auteur a tendance à faire entrer les événements de vie de son héros dans une grille de sainteté préétablie. Ses 1 070 pages fournissent néanmoins un matériau essentiel pour connaître de La Salle. (La mention de la lettre B. après les citations signifie que l'on se réfère à Blain.)

2. *Comptes de tutelle* de J.-B. de La Salle, transcrits et annotés par F. Leon de MARIE AROZ, Éd. Cahiers lasalliens, n° 28, Rome.

3. F. Jean HUCENOT, *La sainteté par l'école*, p. 25, Éd. Dominique Guéniot, 1989.

4. F.E. MAILLEFER (M.), bénédictin bibliothécaire ; auteur de « La vie de M. Jean-Baptiste de La Salle. Prêtre, docteur en théologie, ancien chanoine de la cathédrale de Reims et Instituteur des Frères des Écoles chrétiennes ». Ed. comparée de 1723 et de 1740, *in* Éd. Cahiers lasalliens, n° 6, Rome. Bien que familialement impliqué dans le récit, l'auteur apporte une contribution qui se rapproche des normes de la science historique contemporaine. (La mention de la lettre M. après les citations signifie que l'on se réfère à Maillefer.)

5. Philippe ARIÈS, *L'enfant et la vie familiale sous l'Ancien Régime*, Points/Histoire, Éd. du Seuil, 1975, p. 210.

6. F. Hucenot, *Jean-Baptiste de La Salle et ses Frères enseignants*, p. 37-38, Éd. Dominique Gueniot, p. 1987.

7. F.Y. Poutet, « Adrien Nyel précurseur de Saint Jean-Baptiste de La Salle », Éd. Cahiers lasalliens, n° 48, Rome.

8. *Pratiques du Règlement journalier*, présentation de F. Maurice Auguste, *in* Cahiers Lasalliens, n° 25, Rome.

9. Évocation des atours des de La Salle, cf. *Comptes de tutelle, op. cit.*, p. 51.

10. M. Sauvage, M. Campos, *op. cit.* in *Aspects de la spiritualité*.

11. Jean Fourastié, *Essais de morale prospective*, Éd. Gonthier, 1966.

12. Chez les pauvres, sous Louis XIV (pour les hommes) « les manteaux apparaissent peu ; les mieux pourvus possèdent des capotes pour la mauvaise saison. Le chapeau complète la tenue surtout les tricornes noirs. Chez les hommes comme chez les femmes le costume populaire est... sombre et conforme à la rue. Une absence de gaieté et de couleurs qui ne devait guère trancher sur le gris des pavés et le noir de la boue ». D. Roche, *Le peuple de Paris*, p. 173, Coll. Historique, Éd. Aubier, 1981.

13. M. Sauvage, M. Campos, *op. cit.*, p. 380-384.

14. Chronologie inspirée de F. Braudel et de E. Labrousse, *Histoire économique de la France, 1660-1789*, tome 2, p. 530 à 543, Éd. P.U.F., 1970.

15. Les historiens s'accordent à voir en cette réalisation le prototype de l'École Normale contemporaine.

16. G. Rigault, *Histoire Générale de l'Institut des Frères des Écoles chrétiennes*, tome 1, p. 193, Ed. Plon, 1937.

17. G. Rigault, *op. cit.*, p. 194.

18. M. Sauvage et M. Campos, *op. cit.*, p. 363 et suiv.

19. *Ibid.*

20. F. Leon de Marie Aroz, *Jean-Baptiste de La Salle. Documents bibliographiques*, vol. 1, p. 95, Éd. Cahiers lasalliens, n° 40, Rome.

21. *Ibid.*, p. 96.

22. Roche in *Le peuple de Paris* ; F. Braudrel et E. Labrousse, *op. cit.* ; Ariès, *op. cit.*

23. Ariès, *op. cit.*, chap. 2 « La découverte de l'enfance » et « Les âges des écoliers », p. 196-198.

24. F. Braudrel et E. Labrousse, *op. cit.*, p. 662-665.

25. *Ibid.*, p. 664.

26. Roche, *op. cit.*, p. 249.

27. *Conduite des Écoles* (Manuscrit dit de 1706 et texte imprimé de 1720), p. 183 à 196, Éd. Cahiers lasalliens, n° 24, Rome.

28. Cité par Roche, *op. cit.*, p. 251.

29. *Conduite des Écoles*, cf. note 27.

30. *Vocabulaire lasallien*, vol. 2, p. 168-182 et vol. 5, p. 150-156. Éd. renéotée, F.E.C., rue de Sèvres, Paris, 1988.

31. In *Méditations du jour de Noël*, Éd. Cahiers lasalliens, n° 12.

32. G. Rigault, *op. cit.*, p. 244.

33. *Ibid., op. cit.*, p. 222.

34. Y. Poutet, *Jean-Baptiste de La Salle aux prises avec son temps. Recueil d'études lasalliennes*, p. 126-134, Cahiers lasalliens, n° 48.

35. M. Sauvage, M. Campos, *op. cit.*

36. Relation d'Elie Marion chef camisard des Hautes-Cévennes, in *Journaux camisards 1700-1715*, p. 76-77, Éd. Seuil.

37. *Ibid.*, Jean Gaubert, camisard qui se bat autour d'Alès et qui a participé à l'incendie de la ville de Mende; p. 111, *op. cit.*

38. Molina, théologien espagnol, condamné pour des thèses qu'on lui attribuait, lesquelles favorisaient une spiritualité d'abandon passif à Dieu.

39. F. Lapierre, *Monsieur de La Salle, 1651-1619*, Éd. F.E.C., Paris.

40. M. Foucault, *Résumé des cours*, p. 42, Éd. N.R.F., Gallimard, 1989.

41. Importante étude de ces textes par M. Sauvage *in Cahiers lasalliens*, n° 12, Rome.

42. M. Sauvage et M. Campos, *Explication de la méthode d'oraison*, présentation du texte de 1739, Éd. *Cahiers lasalliens*, n° 50, Rome.

43. En 1966 lors de l'assemblée générale des Frères (« Chapitre ») un important débat sur le laïcat des Frères (et leur non-sacerdoce) a été engagé suite à la pressante (!) suggestion vaticane d'orienter ceux qui le désireraient vers le sacerdoce... L'option « laïcat » a été retenue.

44. F. Furet, J. Ozouf, *Lire et écrire. L'alphabétisation des Français de Calvin à Jules Ferry*, p. 92-93, Éd. de Minuit, 1977.

45. Il est bon de rappeler une des critiques essentielles adressées par de La Chalotais et Voltaire aux Frères « ignorantins ».

De La Chalotais reprochait « d'apprendre à lire et à écrire à des gens qui n'eussent dû apprendre qu'à dessiner ou à manier le rabot et la lime et qui ne le veulent plus faire... Le bien de la société demande que les connaissances ne s'étendent pas plus loin que leurs occupations... » Propos que légitimait Voltaire en sa lettre du 1/4/1766 :

« J'entends par le peuple la populace qui n'a que les bras pour vivre. Je discute que cet ordre de citoyens ait jamais le temps ni la capacité de s'instruire. Il me paraît essentiel qu'il y ait des gueux ignorants... Ce n'est pas le manœuvre qu'il faut instruire mais le bon bourgeois » (Cit. par Braudrel et Labrousse, *op. cit.*, p. 676-677).

Sources

Ce travail doit beaucoup aux suggestions des Frères Patrice et M. Sauvage et à l'amitié de nombreux Frères amis. Qu'ils en soient remerciés.

Pour l'essentiel : les cinquante volumes des *Cahiers lasalliens*, Édition F.E.C., Rome.

Chronologie : *Cahiers lasalliens*, n° 28 à 31. Éd. Rome, Chronologie établie par F. Leon de Marie Aroz.

Aspects de la spiritualité de De La Salle : Michel Sauvage et Miguel Campos, *Jean-Baptiste de La Salle. Expérience et enseignements spirituels. Annoncer l'Évangile aux pauvres*, Éd. Bibliothèque de spiritualité, Beauchesne, 1977.

Table des matières

Dans la même collection

René Laurentin, *Petite vie de Bernadette.*
Raymond Peyret, *Petite vie de Marthe Robin.*
Marc Joulin, *Petite vie de Thérèse de Lisieux.*
Paul Aymard, *Petite vie de saint Benoît.*
Albert Longchamp, *Petite vie d'Ignace de Loyola.*
Marc Joulin, *Petite vie de saint Dominique.*
Luigi Mezzadri, *Petite vie de Vincent de Paul.*
Pierre Riché, *Petite vie de saint Bernard.*
Marc Joulin, *Petite vie de Jean-Marie Vianney.*
Michel Fiévet, *Petite vie de Jean-Baptiste de La Salle.*

En préparation :

Régine Pernoud, *Petite vie de Jeanne d'Arc.*

Achevé d'imprimer le 4 avril 1990
dans les ateliers de Normandie Impression s.a. à Alençon (Orne)
pour le compte des éditions Desclée de Brouwer.
Dépôt légal : avril 1990

Imprimé en France